W0014154

ullstein

Das Buch

Eine Seefahrt, die ist lustig, eine Seefahrt, die ist schön – aber auch dann, wenn mehr als 4000 Mitreisende an Bord sind? Das fragen sich Jutta Speidel und Bruno Maccallini, nachdem sie die Einladung einer namhaften Hamburger Reederei angenommen haben: Neun Tage lang dürfen die beiden an Bord eines Traumschiffs kostenlos durch den Südpazifik schippern: von Santiago de Chile bis nach Peru. Einzige Bedingung: An einem Abend sollen sie das Publikum im Salon unterhalten und aus ihren Büchern vorlesen. Nichts leichter als das. Doch was insgesamt nach Urlaub und einer Menge Spaß klingt, entpuppt sich schon bald als Fahrt in schwerer See – mit kleinen und größeren Katastrophen, aber auch so manchen Abenteuern ...

Die Autoren

Jutta Speidel ist eine der beliebtesten und erfolgreichsten Schauspielerinnen im deutschsprachigen Raum. Sie wurde in München geboren, lebt dort und hat zwei erwachsene Töchter. Sie ist Gründerin der Stiftung HORIZONT, die sich für obdachlose Kinder und ihre Mütter einsetzt. www.horizont-ev.org

Bruno Maccallini stammt aus Rom und ist in Italien ein erfolgreicher Theaterschauspieler, Regisseur und Fernsehproduzent. In Deutschland wurde er berühmt als »Cappuccino-Mann« in verschiedenen Werbekampagnen (»Isch abbe gar kein Auto, Signorina!«). Zusammen mit seiner Lebensgefährtin Jutta Speidel spielt er auch in deutschen Fernsehfilmen.

Von Jutta Speidel und Bruno Maccallini sind in unserem Hause
bereits erschienen:
Wir haben gar kein Auto ... Mit dem Rad über die Alpen
Zwei Esel auf Sardinien. Ein deutsch-italienisches Abenteuer

Jutta Speidel / Bruno Maccallini

Ahoi, Amore!

Unterwegs auf dem falschen Dampfer

Ullstein

Besuchen Sie uns im Internet:
www.ullstein-taschenbuch.de

Der Text von Bruno Maccallini
wurde von Katharina Schmidt
und Barbara Neeb übertragen.

Der Abdruck des Gedichtes »Dein Lachen« von Pablo Neruda
erfolgt mit freundlicher Genehmigung des Luchterhand
Literaturverlages. Entnommen dem Band *Liebesgedichte*,
© Luchterhand Literaturverlag, München,
in der Verlagsgruppe Random House GmbH.

Originalausgabe im Ullstein Taschenbuch
1. Auflage März 2013
© Ullstein Buchverlage GmbH, Berlin 2013
Umschlaggestaltung: ZERO Werbeagentur, München
Titelfoto: © Carmen Lechtenbrink
Titelillustrationen: FinePic®, München
Satz: Pinkuin Satz und Datentechnik, Berlin
Gesetzt aus der Bembo
Papier: Pamo Super von Arctic Paper Mochenwangen GmbH
Druck und Bindearbeiten: GGP Media GmbH, Pößneck
Printed in Germany
ISBN 978-3-548-37460-4

ALLEN NOCH LEBENDEN
DELPHINEN UND WALEN

1. TAG

Der Beginn einer großen Reise
Jutta

Ich sitze am Münchner Flughafen, Terminal 1, Abflughalle A. Das Gepäck ist aufgegeben, eingecheckt habe ich nach Santiago de Chile, via Rom. Dort treffe ich mich mit Bruno, und wir gehen gemeinsam auf eine Südamerikareise. Wir werden mit einem Flugzeug fliegen und auf einem großen Schiff schwimmen. Klingt vielversprechend. Bruno liebt das Fliegen nicht, und noch weniger liebt er Schiffsreisen. Die Weite des Meeres macht ihm Angst und vor allem die Tiefe. Im Flugzeug kann man ja wenigstens noch sehen, wo man hinstürzt, aber im Meer … Alles ist so blau, so tief dunkelblau bis zum Horizont, und was ist darunter? Ich habe ihm einmal gesagt: Stell dir deine Abruzzen vor, und füll einfach alles zwischen dem Gran Sasso und den ganzen Colles rundherum mit Wasser auf, dann weißt du, wie es unter dir aussieht.

Beruhigt hat ihn das allerdings nicht. Außerdem ist ihm auch der Seegang nicht geheuer. Er muss dann gleich an die Reling, um die Fische zu füttern. Alle möglichen Tabletten hat er schon ausprobiert. Von den einen wird er so müde, dass er Gefahr läuft, über Bord zu fallen, wenn er sich übergeben muss; von anderen bekommt er Kopfschmerzen, und einmal hat er sich ein Antispeipflaster hinter das Ohr geklebt, wodurch er so euphorisch wurde, dass ihn keiner mehr bemitleidet hat. Das hat ihm dann auch nicht gepasst.

Dennoch konnte ich ihn zu dieser Reise überreden, wohl wissend, dass er gewissen Reizen nicht widerstehen kann: Machu Picchu, den Anden, chilenischem Wein, sternenklaren romantischen Nächten, heißblütigen Ecuadorianerinnen, mystischen Flüssen und der verlockenden Aussicht, sich faul auf einem Deckchair zu räkeln und rund um die Uhr bedient zu werden, vorausgesetzt, es ist kein Wellengang.

Ich musste ihm eine genaue Beschreibung des Schiffes liefern, wie viele Außenwände es hat, wie die Statik des Rumpfes beschaffen ist usw. Auf meine Bitte, sich doch selbst zu informieren, ich sei ja schließlich kein Ingenieur, reagierte er mürrisch. Somit blieb mir nichts anderes übrig, als ihm das Ozeanblaue vom Himmel zu erzählen. Ich war sehr überzeugend! Zudem waren wir ja auch noch eine Verpflichtung an Bord eingegangen. Die Reederei, deren Luxusschiffe unter deutscher Flagge laufen, wünschte sich von uns eine Lesung. Sie meinten, die zahlreichen deutschen Passagiere würden sich gerne einmal live unser Gekabbel anhören, und außerdem seien sie neugierig darauf, zu erfahren, ob es bei uns privat auch so zugeht wie in unseren Büchern. Nun ja! Ich habe dem Maître de Plaisir des Luxusdampfers MS Poseidon versichert, sowohl er wie auch seine geschätzten Gäste würden voll auf ihre Kosten kommen.

Jetzt sitze ich also auf einem dieser unbequemen Stühle vor dem Abflugschalter und warte auf das Flugzeug nach Rom. Eine Lautsprecherstimme verkündet, dass sich der Abflug um circa 45 Minuten verzögern wird, da die geplante Maschine zu einem Noteinsatz abgezogen wurde. Ich bin nicht die Einzige, die sich fragt, um was für einen mysteriösen Notfall es sich wohl handelt. Sekundenschnell breitet sich das Gerücht aus,

8

dass vor der Insel Giglio ein Luxusdampfer auf ein Riff gefahren sein soll und es Tote und viele Verletzte sowie Eingeschlossene gäbe, denen nun in einer dramatischen Rettungsaktion geholfen werden müsste.

Hoffentlich hat Bruno davon nichts mitbekommen, schießt es mir durch den Kopf. Hoffentlich ist er noch beim Kofferpacken! Hoffentlich laufen zu Hause weder Fernseher noch Radio! Und der Taxifahrer ist hoffentlich Inder und spricht kein Italienisch, und hoffentlich, hoffentlich stimmt das einfach gar nicht!

Nun ja, heute wissen wir, dass es leider der Wahrheit entsprach …

Am römischen Flughafen herrscht emsiges Treiben. Eigentlich ist es ein ganz normaler Tag, die Ferienzeit ist vorbei, wir schreiben den 14. Januar. Diesmal haben weder Schneetreiben noch Nebel meinen Abflug in München verzögert, doch das Gerücht von dem havarierten Schiff vor einer kleinen italienischen Insel hält sich hartnäckig. Hier laufen alle hektisch zu ihren Abflugterminals, und nichts weist auf Außergewöhnliches hin. Also ist an dem Gequatsche wahrscheinlich gar nichts dran. Vermutlich hat der Kapitän einfach verschlafen! Das wäre doch mal was. Zumindest wäre es menschlich.

Jedenfalls werde ich Bruno meine Verspätung damit erklären; sicherlich hält er schon leicht nervös am Counter der Fluggesellschaft nach mir Ausschau. Und bestimmt glaubt er mir kein Wort, aber es wird ihn amüsieren, und so habe ich bessere Chancen, ihn abzulenken, bis wir einem anderen Kontinent entgegenfliegen. Dort ereignen sich zwar auch Katastrophen, aber zumindest erscheinen sie uns anonymer.

Nach sicherlich zwei Kilometern Dauerlauf durch

diesen scheußlichen Flughafen stehe ich schnaufend in der Menge der Passagiere. Meinen warmen Wollumhang habe ich längst über den Arm gelegt, meine Stirn zieren Schweißperlen. Kein Bruno in Sicht. Hat er doch Wind davon bekommen und es sich anders überlegt? Bevor ich jedoch weitere Mutmaßungen anstelle, beginnt die Einstiegsprozedur. Die Massen drängeln vorwärts, alle halten ihre teure Bordkarte und den Pass in der Hand, stolz, sich diese Reise leisten zu können. Die freundlich lächelnden Stewardessen vergleichen akribisch die Dokumente, damit sich auch ja kein blinder Passagier einschleicht. Ich stelle mich ganz hinten an und sehe mich unruhig um. Was mache ich, wenn er nicht kommt? Fliege ich dann alleine nach Südamerika?

Da kommt er schon etwas atemlos angerannt, genervt vom unpünktlichen Taxifahrer, dem wahnsinnigen Verkehr in der Stadt, vom Stau auf der Autobahn, Stau beim Einchecken, Stau beim Securitycheck, und dann noch zwei Kilometer Dauerlauf bis zum Counter in diesem blöden Flughafen! Ich kann mir ein Grinsen nicht verkneifen.

Ich soll noch kurz hier warten, er möchte sich noch ein paar Zeitungen kaufen, aber ich bremse ihn. Schon entsteht eine Debatte, ob es in diesem Flugzeug südamerikanischer Herkunft italienische Zeitungen gibt oder nicht. Ich bete, dass sie wenigstens vom Vortag sind oder bereits alle verteilt, weil wir die letzten Passagiere sind, die die nun nicht mehr ganz so freundliche Stewardess hineinbittet.

So zwängen wir uns durch vollbesetzte Reihen mit weit aufgeschlagenen Exemplaren der Repubblica oder des Messagero – keine Schlagzeilen über Schiffsunglücke! Gottlob, wir sitzen!

Die von der Borddecke herunterhängenden Groß-
bildschirme demonstrieren, wie wir uns in den folgenden Stunden an Bord zu verhalten haben, bevor sie sich
zum Start wieder abschalten. Unser Vogel mit sicherlich
mehr als 400 Passagieren im Bauch hebt ab. Bruno sitzt
neben mir, er hat sich zuvor kurz bekreuzigt und ein
heimliches Stoßgebet gen Himmel geschickt, er greift
nach meiner Hand. Ein bisschen feucht ist sie, und er
schaut mich dankbar an, als er bemerkt, dass ich es registriere und sie kurz drücke. Wenn der wüsste, welche Nachricht mich noch mehr schwitzen lässt als seine
Hand. Aussteigen kann er jetzt jedenfalls bis Chile nicht
mehr, und dort wird es ja hoffentlich keine aktuellen
italienischen Zeitungen geben.

Bruno setzt sich den Kopfhörer auf, um sich von
sanfter klassischer Musik berieseln zu lassen, er schließt
die Augen, und ich wähne mich in Sicherheit.

Die Maschine hat die vorgeschriebene Flughöhe erreicht und begibt sich in die Waagrechte. Erneut klappen
die Bildschirme herunter, und blödsinnige Mister-Bean-
Sketche laufen über den Bildschirm. Getränke werden
serviert, die Ersten gehen auf die Toilette. Wir machen
es uns in den engen Sitzen so bequem wie möglich und
versuchen, eine einigermaßen bequeme Haltung einzunehmen, um ein bisschen zu schlafen.

Das Frühstück hatten wir eigentlich abgesagt, aber
gegessen wird, was aufs Tablett kommt, und außerdem
müssen wir die Zollerklärung ausfüllen, erklärt uns die
Stewardess etwas barsch, nachdem sie uns etwas unsanft
aus Morpheus' Armen gerissen hat. Kein Wenn und
Aber, auch in Südamerika gibt es Vorschriften. Brav
erledigen wir unsere Aufgaben.

Alles ist gutgegangen, unsere Koffer sind mit uns geflogen. Auch der Zoll und die Grenzbeamten in Santiago hatten nichts an unserer Einreise auszusetzen. Es ist Vormittag und noch nicht glühend heiß. Wir werden uns jetzt ein Taxi schnappen und in unser Hotel fahren, Brunos Freundin Susana anrufen, uns mit ihr zum Abendessen verabreden und vorher noch eine kleine Erkundungstour unternehmen, damit wir wissen, wie wir uns morgen auf die Schnelle einen Überblick von dieser Millionenstadt verschaffen können.

Ein cleveres System, denke ich mir, als wir uns für ein Taxi anstellen wollen. Man zieht eine Nummer, wartet, bis sie auf einem Monitor erscheint, geht zu einem Schalter, nennt sein Ziel, zahlt den Preis, bekommt einen Zettel und gibt diesen dem Taxler, der bereits das Gepäck verstaut. Super, ich bin beeindruckt! Ich bin schon zigmal von Taxifahrern übers Ohr gehauen worden. Wenn hier Korruption im Spiel ist, dann ist sie zumindest perfekt organisiert.

Bruno will sich vorne auf den Beifahrersitz setzen, damit er sich besser orientieren kann – sagt er! Ich muss schmunzeln, denn wenn Bruno etwas überhaupt nicht kann, dann ist es navigieren. Dazu hat er ja auch ein iPhone, und in seinem Auto – denn er hat NATÜRLICH ein Auto – gibt es auch ein GPS. Trotzdem verfranzt er sich regelmäßig. Aber dann lässt er mir den Vortritt, schließlich hat er auch von hinten alles im Blick. Ich bin froh, einfach nur aus dem Fenster zu sehen. Bruno und der Taxifahrer beginnen schon bald ein lebhaftes spanisch-italienisch-englisches Kauderwelsch. Der Taxifahrer stellt sich als Benvenuto vor, und ich kapiere erst nichts und sage artig: »Grrrraciasss«, bis Bruno mir erklärt, nein, nein, das sei sein Name! Toll, denke

12

ich mir! Das müsste man mal bei den Münchner Taxifahrern einführen:

»Entschuldigen Sie bitte, Herr Taxler, wie heißen Sie
denn?« Und der antwortet nonchalant: »Mein Name ist
Willkommen, gnädige Frau.«

Wow, was für ein Trick! Sofort fühlt man sich wohl
und sieht die fremde Stadt mit ganz anderen Augen.

Bereitwillig erklärt uns Herr Benvenuto die Pracht-
bauten, allesamt entweder Justiz- oder Verwaltungs-
gebäude, Regierungssitze oder Privathäuser höher-
gestellter Persönlichkeiten inmitten mehr oder weniger
prächtiger Straßenzüge, die auch schon mal bessere
Zeiten gesehen haben. Er erkundigt sich bei Bruno, aus
welchem Land beziehungsweise welcher Stadt er käme.
Stolz erwidert Bruno, er käme aus der schönsten Stadt
der Welt, aus Rom. Ich verdrehe die Augen. Italiener!,
denk ich mir. München ist auch nicht schlecht. Bevor
sich jedoch mein kleinpatriotisches Herz zu einem Protest erheben kann, höre ich, wie Benvenuto etwas von
grrrrran catássstrofe con un barrrrco faselt. Sofort begeben
sich meine und leider auch Brunos Ohren in Habacht-
stellung. Einen kurzen Moment hoffe ich, der Chilene
meint etwas anderes, aber da will Bruno es schon genauer wissen. Zu allem Überfluss schaltet Benvenuto nun
auch noch sein Radio an, und sofort ertönt in rasend
schnellem Spanisch, jedoch für einen Italiener durchaus verständlich, ein Bericht über den Untergang der
Concordia vor der Küste Giglios. Brunos Gesichtsfar-
be wechselt von Weiß über Rot zu Grün. Mir ist ganz
schlecht. Ob ich das schon in München gehört hätte,
fragt er mich. Ich stelle mich doof und sage, ich hätte
gerade gar nicht verstanden, worum es ging. Er antwortet, nein, er schreit mich an, dass wir sofort wieder

zurückfliegen müssten und dass er endgültig und nie wieder auf ein Schiff ginge! Das wäre ja eine Katastrophe sondergleichen! Ich könne ja die Lesung alleine bestreiten, er fliege auf jeden Fall wieder heim! Ich bin kurz davor, aus dem fahrenden Auto zu springen. Bei allem Verständnis für sein hasenfüßiges Verhalten packt mich die Wut. Eiskalt würde er also meinen Untergang mit ansehen, Hauptsache, er ist in Sicherheit! So zeigt sich also dein wahrer Charakter, mein Freund, denke ich mir. Wenn ich nun nicht schon so viele Jahre diesen hysterischen Wesenszug an ihm kennen würde, wäre ich jetzt ernsthaft gekränkt, aber ich weiß ja, dass mein Italiener seine Suppe niemals so heiß löffelt, wie er sie kocht, und so lasse ich ihn erst mal mit seinem Benvenuto dampfen. Dieser scheint irgendwie einen beruhigenden Einfluss auf Bruno zu haben. Doch schon kommt erneut Hektik auf und lässt die nächste Katastrophe erahnen. Bruno durchsucht sämtliche Taschen, dann muss Benvenuto anhalten, weil Bruno an seinen Koffer will, aber er findet den Schlüssel nicht, bis ich ihm vorschlage, einfach beim Zahlenschloss die richtige Kombination einzugeben. Doch dann meint er, dass er eigentlich gar nicht zu suchen brauchte. Er hat ein neues Handy und vergessen, Susanas Telefonnummer, die er auf einem Zettel notiert hat, einzuspeichern. Ob ich denn nicht die Telefonnummer hätte? Ich protestiere! Ich kenne die Frau überhaupt nicht, wieso sollte ich da ihre Nummer haben? Das leuchtet ihm ein.

»Ja«, flüstert er mit verzweifelter Miene, das wäre es dann wohl, denn ohne die Telefonnummer könnten wir sie heute Abend nicht treffen, und Susana habe ja die gesamte Reise in Peru organisiert über eine Reiseleiterin, die sie kenne, und die Tickets für Machu Picchu und Cusco und den Inka-Express habe sie uns heute beim Abendessen aushändigen wollen. Nun wird mir auch ganz anders. Ich frage ihn nach dem Nachnamen von seiner Bekannten. Da kommt wieder Benvenuto ins Spiel, er zückt sein Handy und fragt bei der Auskunft nach einer Susana …, deren Nachnamen ich nicht ganz verstehe. Kurz darauf sieht sich Bruno mit einer Reihe von Telefonnummern konfrontiert, deren Besitzerinnen alle den gleichen Namen haben.

»Wahrscheinlich heißt sie Schmidt auf Spanisch«, kann ich mir nicht verkneifen zu sagen.

Santiago de Chile – Benvenuto, Freund und Helfer
Bruno

Aus dem Autoradio dröhnt *Nueva cumbia*, eine Mischung aus Rock, Hip-Hop, Salsa, Reggae, Ska und Folklore aus den Anden, die hier in Chile zurzeit total angesagt ist. Mich erinnert die raue, kräftige Stimme des Sängers mehr an einen passionierten Raucher oder noch schlimmer: an einen Brummifahrer, der sich schrecklich darüber aufregt, dass alle vier Reifen seines Anhängers auf einmal einen Platten haben. Doch die mitreißende Fröhlichkeit der Melodie ist ansteckend. Benvenuto ist ein geselliger Mensch, offensichtlich einer von den Taxifahrern, die einem unbedingt noch ein paar Pesos zusätzliches Trinkgeld aus den Rippen leiern wollen, unter dem Vorwand, dass man unterwegs unbedingt noch den hiesigen Wein probieren müsse.

»Nein, vielen Dank, wir haben es eilig«, winke ich ab und versuche, so wenig wie möglich von der klebrigen Schmiere abzubekommen, die das uralte Leder der Rückbank ausschwitzt. Ich kurbele das Seitenfenster herunter, damit der widerliche Geruch nach altem Schaumgummi verfliegt, der aus den aufgeplatzten Polstern aufsteigt. Ein ekliger Gestank, der an jahrelang im Keller vor sich hin gammelnde Regenjacken erinnert. Plötzlich fährt mir ein Schreck in die Glieder: Wo habe ich Susanas Telefonnummer?! Vielleicht ist der Zettel im Koffer?!

»*Porca puttana*, ich Trottel! In der Hektik beim Aufbruch habe ich ganz vergessen, Susanas Nummer in meinem neuen Handy zu speichern, und sie hat nur meine alte Nummer …«

Jutta starrt mich an, als hätte ich gerade die Madonna höchstpersönlich aufs übelste beschimpft. Benvenuto amüsiert sich prächtig über meinen saftigen italienischen Fluch und grinst dreckig über die Ähnlichkeit mit dem spanischen Wort *puta*. Sogleich beglückt uns unser Fahrer mit einer Aufzählung von Schimpfwörtern. Unsere Unterhaltung sackt jäh unter die Gürtellinie.

»In Chile haben wir ganz viele Wörter dafür: *maracas, zorras, putangas, kenitas, perras, camboyanas* …«

Leider kann ich seinem linguistischen Vortrag nicht mehr so ganz folgen, denn in mir breitet sich gerade Panik aus: Wegen so einer dummen Unachtsamkeit könnte unsere ganze Reise den Bach runtergehen. Das Treffen mit Susana ist, abgesehen von dem Vergnügen, eine liebe Freundin wiederzusehen, unbedingt notwendig. Schließlich hat sie unsere Unterkunft in Santiago, die Tickets für Machu Picchu und Cusco und den Inka-Express, ja unsere ganze Tour durch Peru organisiert. Ganz abgesehen davon, dass sie mir den ach so ersehnten Termin bei der Schamanin in Lima bestätigen muss.

Benvenuto bemerkt meine Aufregung.

»Wie heißt denn Ihre Freundin, *señor*? Ich versuche mal, ihre Nummer über die Auskunft herauszubekommen.«

»Susana Hernández … Oje, davon gibt es in Santiago bestimmt so viele wie Sand am Meer …«

»Santiago hat sechseinhalb Millionen Einwohner, aber versuchen kann ich es ja trotzdem mal«, meint er fröhlich.

Jutta scheint sich schon damit abgefunden zu haben, dass wir uns ein neues Hotel suchen müssen. Sie ist im

Moment sowieso mehr mit der Lüftung beschäftigt, die genau auf ihr Gesicht ausgerichtet ist. Und im Hintergrund dröhnt immer noch laut das Radio.

»Bitte sehr, *señor*, ich habe die Auskunft jetzt in der Leitung. Ich stelle mal laut: ›*Responde el servicio telefónico …*‹«

»Benvenuto, könntest du bitte übersetzen, damit auch meine Frau etwas versteht …«

»Wir sollen den Namen des Teilnehmers nennen und nach Möglichkeit auch die Adresse. Dann müssen wir warten, die Antworten gibt dann ein Computer.«

»Ein Computer?«, fragt Jutta überrascht, während sie weiter mit der Lüftung kämpft.

»Su-sa-na-Her-nán-dez«, diktiert Benvenuto nun, während er gleichzeitig das Radio etwas leiser stellt. Solange wir in der Warteschleife sind, hören wir einen alten Song von den Platters …

»Sie sagen, dass es ohne Adresse leider nicht möglich ist, den Teilnehmer ausfindig zu machen … *Hijo de puta!*«

»Warum fluchen Sie eigentlich die ganze Zeit! Lassen Sie doch endlich diese dreckigen Wörter, und geben Sie mir lieber was, womit ich diese blöde Düse zustopfen kann!«

Etwas pikiert öffnet Benvenuto ein Fach unter der Handbremse und holt eine Art Fensterleder und einen Schraubenzieher hervor. Erst stochert er mit dem Werkzeug in der Düse herum, doch dann gibt er auf und stopft den Lappen in die Schlitze. Zumindest hält das Kunstleder mehr Luft ab. Inzwischen ist mir eingefallen, dass Su mir in einer Mail geschrieben hat, sie habe fürs Abendessen einen Tisch in einem netten Restaurant bei ihr um die Ecke reserviert, und mir fällt sogar der Name wieder ein: Bellavista. Ich frage Benvenuto, ob er es zufällig kennt. Darauf stößt er einen anerkennenden Pfiff aus:

»*Caramba, señor*! Das ist nicht nur ein Restaurant, sondern das älteste Viertel von Santiago ... *Evviva*!«

Beflügelt probiert er es wieder bei der Auskunft und lässt uns per Lautsprecher erneut an der nervtötenden Prozedur mit Warteschleife teilhaben. Da ertönt auch schon die Computerstimme, und bingo: In diesem Viertel gibt es bloß vier Susana Hernández. Nach zwei vergeblichen Versuchen vernehmen wir schließlich die glockenhelle Stimme meiner Su. Ich schildere ihr kurz mein Missgeschick, lasse mir die Adresse des Hotels geben und verabrede mich mit ihr. Währenddessen zwinkert mir Benvenuto stolz im Rückspiegel zu. Ohne seine tatkräftige Unterstützung hätten wir sie wahrscheinlich nie gefunden. Im gleichen Moment muss er wegen eines kaputten Gullys plötzlich scharf bremsen (seine Aufmerksamkeit für den Straßenverkehr ist im selben Maß gesunken, wie seine Brust vor Stolz angeschwollen ist), was die Lüftungsdüse dazu bringt, noch heftiger zu blasen. Dadurch ist das Fensterleder nicht mehr zu halten und landet direkt auf dem Gesicht der armen Jutta.

»Herrgott nochamal!! Wer hat denn so einen Mist erfunden?!«

Unsere Fahrt wird noch länger misslaunt auf Bayrisch kommentiert, da hilft selbst die ganze wunderschöne Aussicht nichts, mit den sanften Hügeln und dem großartigen Andenpanorama im Hintergrund. Nach ein paar Kilometern hat es Benvenuto endlich geschafft, die Düse zu schließen.

»Ende gut, alles gut, *señora* ...«

Im Radio kommen jetzt Nachrichten.

»Haben Sie das von dem italienischen Kreuzfahrtschiff gehört, *señor*, das auf einen Felsen aufgelaufen ist?«

»Nein! Was ist passiert? Wo?«

Benvenuto klärt mich mit Freuden über alle Details auf. Die Concordia, ein Kreuzfahrtschiff einer bekannten Reederei aus Genua, ist vor der toskanischen Küste auf ein Riff aufgelaufen. Angesichts meiner Bestürzung, die er zunächst für Zweifel hält, schnappt er sich sein Smartphone, wählt den Nachrichtenkanal mit dem entsprechenden Video und reicht es mir. Ein mexikanischer Reporter kommentiert aufgeregt die Bilder aus einem Helikopter: »... *gegen Mitternacht bekam das Schiff Schlagseite. Hier an der Seite sehen Sie die Stelle, wo der Rumpf aufgerissen ist ... das müssen mindestens 70 Meter sein ... Im Moment gibt es noch nichts Neues über die Vermissten ... Wir wissen nur, dass der Kapitän die Evakuierung der Passagiere und des Bordpersonals, insgesamt fast 4300 Personen, angeordnet hat ... Die Schifffahrtsbehörden ermitteln wegen der Unfallursache und wer dafür verantwortlich ist ...«*

Diese tragische Nachricht verstärkt meine schon von jeher ausgeprägte Schiffsphobie. Bereits von Kindesbeinen an leide ich unter dem »Titanic-Syndrom« und male mir stets die traumatische Erfahrung aus, wie ich erst als glücklicher Urlauber auf einem Luxusliner mit allem Komfort ganz gemütlich eine Schiffsreise genieße und dann jäh aus alldem herausgerissen werde. Jutta findet das natürlich völlig übertrieben und hält mich für einen jämmerlichen Feigling. Natürlich rührt sie jedes Mal, wenn wir uns den Film ansehen, auch die Szene aus *Titanic* mit Leonardo DiCaprio und Kate Winslet, wo das Schiff auseinanderbricht und das Heck im Wasser versinkt, aber ich bekomme regelrecht Angstzustände. Wenn das Heck erst senkrecht aus dem Wasser ragt, einen Moment verharrt, alle in höchster Panik sind und keiner weiß, was passiert … Also mir bleibt da immer vor Angst die Luft weg! Sie dagegen findet es *sooo romantisch*. Und wenn Jack seine Rose bei der Hand nimmt und ihr sagt, sie solle ja nicht loslassen, und das Heck im Meer versinkt und man zum letzten Mal den Schriftzug *TITANIC* lesen kann, seufzt sie gerührt: »Wie schöön!«

Und jetzt habe ich mich doch breitschlagen lassen, diese Kreuzfahrt auf der MS Poseidon mitzumachen. Wir wurden vom Reeder persönlich zu einer Lesung eingeladen. Die Gäste kommen überwiegend aus Deutschland, und so eine Kreuzfahrt der Extraluxusklasse vor den Küsten Lateinamerikas wird einem ja nicht alle Tage geboten, meinte Jutta. Allerdings wollte ich zuerst trotzdem nicht mitfahren. Lieber wäre ich noch einmal auf der Via Claudia Augusta über die Alpen geradelt – diesmal von Donauwörth bis nach Trient – oder hätte mit ihr die Sahara auf einem Kamelrücken durchquert, doch keine Chance. Sie war geradezu euphorisch bei der Aussicht auf Orte, die sie noch nie gesehen hatte. Chile, Ecuador und der Exklusivstopp in Peru, um die geheimnisvolle Welt der Inkas zu entdecken.

»Ach komm schon, Schatz, wir fahren zum Nabel der Welt und spüren die magische Energie von Cusco!!!«

»Von was?«

Sie hat alles schon Monate im Voraus geplant und wer weiß wie viele Reiseführer gekauft. Schließlich habe ich mich von einem Dokumentarfilm über das Valle Sagrado überzeugen lassen, mit diesen großartigen Bildern von der Hochebene der Anden auf fast 4000 Meter über dem Meeresspiegel und den Berichten über Q'ero-Schamanen. Seit Jahrhunderten haben sie ihre Geheimnisse nur an ihre direkten Nachfahren weitergegeben, und erst jetzt haben sie beschlossen, sie mit allen zu teilen. So eine Mystery-Reise reizte mich dann doch, und Susana hat den letzten Ausschlag gegeben, als sie mir von ihrer Bekannten erzählte, die mich vielleicht von meiner lästigen Seekrankheit und Schiffsphobie befreien könnte.

Bis jetzt kannte ich Schamanen und Medizinmänner vor allem aus dieser Geschichte, die ich Benvenuto auch gleich zum Besten gebe, um die Stimmung in unserem Taxi etwas zu heben:

Ein Indianerhäuptling versammelt zu Beginn des Winters seinen Stamm um sich und schickt zunächst zehn Männer in den Wald zum Holzsammeln und außerdem einen Jungen zum Medizinmann, der in aller Abgeschiedenheit oben auf einem Berg wohnt, um ihn zu fragen, wie der Winter wird. Der wirft einen Blick ins Tal und sagt: »Es wird ein kalter Winter. Geht in den Wald und sammelt viel Holz.«

Der Junge klettert wieder ins Tal und berichtet seinem Häuptling, was der Medizinmann gesagt hat. Der schickt vorsichtshalber noch zehn Männer in den Wald zum Holzsammeln und den Jungen erneut zum Medizinmann, weil er wissen möchte, ob der Winter länger als drei Monate dauern wird. Der Medizinmann wirft wieder einen Blick ins Tal und sagt: »Es wird ein kalter Winter, und er wird fünf Monate dauern. Geht in den Wald und sammelt viel Holz.«

Der Junge kehrt zurück, der Häuptling schickt besorgt weitere zwanzig Männer in den Wald und den Jungen noch mal zum Schamanen, um sich zu erkundigen, wie kalt es in den Nächten werden wird. Wieder schaut der Medizinmann ins Tal und sagt: »Es wird ein kalter Winter, und die Nächte werden eisig. Geht in den Wald und sammelt viel Holz.«

Jetzt ist der Junge doch neugierig geworden und fragt den Medizinmann: »Großer Schamane, kannst du wirklich die Zukunft am Horizont erblicken?« Darauf der Medizinmann: »O nein, am Horizont sehe ich gar nichts, ich schau nur nach unten ins Tal, und da sehe ich jede Menge Indianer, die Holz sammeln wie die Verrückten.«

Benvenuto macht sich daraufhin beinahe in die Hosen vor Lachen, während Jutta keine Miene verzieht. Beziehungsweise doch, denn anscheinend sind ihr lauter Flusen von dem Fensterleder in die Augen geflogen, und jetzt versucht sie, diese mit wilden Grimassen wieder loszuwerden.

»Himmelherrgott, was war denn da drin? Ein halber Staubsaugerbeutel?!?«

Das ist das Stichwort für Benvenuto, an dem großen Parkplatz eines Weinguts einen Halt einzulegen.

»Nur fünf Minuten. Ich muss mich doch bei der *señora* entschuldigen. Bitte, darf ich Sie auf einen *Carmenere* einladen, den besten Rotwein unseres Landes? Jetzt, wo wir Ihre Freundin gefunden haben, sollten wir ein Gläschen darauf trinken. Noch dazu, wo das hier mein Lieblingsweingut ist ...«

Jutta, die bis vor einer Minute von einem Zwischenstopp nichts wissen wollte, ist auf einmal Feuer und Flamme für diese Idee, weil wir dann auch unsere Plätze tauschen können. Ich hatte ihr ja von Anfang an gesagt, sie solle sich nach hinten setzen.

»Ja, gut, das wird das Beste sein. Ihr könnt so viel Wein trinken, wie ihr wollt, während ich versuche, mich wieder einigermaßen menschlich herzurichten.«

23

Der Eingang ist gerammelt voll. Alles drängelt sich um die Regale mit den Sonderangeboten. Etwas weiter hinten entsteht ein kleiner Menschenauflauf an der Theke, wo es Spießchen aus Fleisch und Mais gibt, die, wie mir Benvenuto wortreich erklärt, tausendmal besser sein sollen als ein argentinisches *Asado*. Er will mir gerade den Unterschied zwischen argentinischem und chilenischem Rindfleisch erklären, da wird er von zwei sympathischen Damen in die Mitte genommen. Sie kennen sich erst seit gestern, als Benvenuto sie zum *Palacio de la Moneda* in Santiago gebracht hat, aber sie begrüßen sich überschwänglich wie alte Freunde.

»Benvenuto, du hier …?«

»Frau Gerlinde, wie schön, Sie wiederzusehen … Stellen Sie sich vor, ich fahre gerade noch eine deutsche Dame in die Stadt – und das hier ist *Señor* Bruno aus Rom.«

»Benvenuto, Sie müssen den Herrn unbedingt zum *Palacio de la Moneda* fahren … Aber warum kommen Sie nicht an unseren Tisch?«.

Ich kann es ihr einfach nicht abschlagen. Das wäre unhöflich. Und außerdem gibt es sowieso keine Zweiertische. Wir müssten uns also auf jeden Fall einen Tisch mit jemandem teilen. Der *Carmenere*, den man uns bringt, ist wirklich ausgezeichnet, einer von den Weinen, die einem die Kehle hinabrinnen, ohne dass du etwas davon mitbekommst. Gerlinde stellt mir ihre Freundin Ulrike vor, beide unterrichten an einer Realschule in Wangen und lieben Wein. Jedes Jahr unternehmen sie eine kulinarische Reise rund um den Globus. Ich lerne viel Interessantes über diesen *vino tinto*, der unserem Merlot ähnelt, und im Allgemeinen über chilenische Weine, die zu den besten der Welt gehören. Nächstes

Jahr planen sie eine Reise ins Chianti-Gebiet, und sie fragen mich, ob ich ihnen dort ein Weingut empfehlen könnte. Ihre Gesellschaft ist angenehm, und ich finde sie in ihrer übersprudelnden Fröhlichkeit sehr sympathisch.

Jutta nähert sich lächelnd unserem Tisch, sie hat eine Augenbraue hochgezogen, was mir signalisiert, dass sie ein wenig gereizt ist. Sie winkt mir zu, dann wendet sie sich plötzlich nach links und einer großen Fenstertür zu, wo ein Gitarrist mit dem üblichen bunten Poncho und dem *chupalla* auf dem Kopf *Gracias a la vida* singt. Ich stehe auf und gehe zu ihr.

»Warum setzt du dich nicht zu uns?«

»Hör mal, du kannst mich nicht erst in das versiffteste Taxi von ganz Chile setzen, eine Stunde mit dieser Lüftungsdüse kämpfen lassen, jede Menge Zeit verplempern wegen dieses Dramas um dein neues Handy und die vergessene Telefonnummer, einem Typen zuhören, der ständig flucht und dann dort Pause macht, wo er wahrscheinlich seine Provision kassiert, und dann auch noch von mir verlangen, dass ich meine Zeit mit zwei vollkommen Fremden verbringe! Also bitte! Ich hoffe, deine Freundin Susana ist weniger aufdringlich. Ich kann es kaum erwarten, in Santiago zu sein und endlich meine Ruhe zu haben …«

»Aber du schließt doch sonst immer mit allen gleich Freundschaft … Die beiden haben uns nur auf einen kleinen Umtrunk eingeladen! Okay, ich sag Bescheid, dass wir weiterfahren …«

»Nein, jetzt können wir auch noch bleiben«, entgegnet Jutta. »Du hast ja recht! Außerdem gefällt mir die Musik.« Spricht's und beginnt zu tanzen. Auf ihre einzigartige, besondere Art. Kurz darauf ist sie von allen Seiten von Tänzern umringt.

Manchen Menschen gelingt es einfach, ständig und überall die Aufmerksamkeit auf sich zu lenken und instinktiv Sympathie zu erwecken. Jutta gehört definitiv dazu. Wenn sie ein leeres Geschäft betritt, ist es wenig später voller Menschen. Ich weiß nicht, ob sie über eine magische Anziehungskraft verfügt. Ich persönlich glaube ja, es ist ein besonderes Flair, wie ein Zauber. Sie kann wirklich alle in ihren Bann ziehen. Selbst die Leute aus der Schlange im Eingangsbereich haben sich zu ihr gesellt. Sogar die Realschullehrerinnen aus Wangen singen mit:

»*Gracias a la vida que me ha dado tanto. Me dio dos luceros que cuando los abro perfecto distingo lo negro del blanco …*«

Benvenuto hat sich eine *chica* geschnappt. Die Latino-Atmosphäre hat uns alle verzaubert. Es sind nicht nur die Farben und Klänge … Irgendetwas liegt in der Luft, man fühlt sich plötzlich wie ein anderer Mensch. Um mich herum klappern Absätze, und einen Moment später sehe ich Ulrike und Jutta tanzen. Was für ein wunderbarer Augenblick! Es gibt nichts Schöneres als unvorhergesehene Stopps und zufällige Treffen mit Menschen. So sollte Reisen immer sein!

Als wir später das Hotel erreichen, klärt sich wie von selbst auch die letzte Frage: Sollen wir bei Benvenuto gleich das Taxi vorbestellen oder morgen lieber mit dem Bus von Santiago nach Valparaiso fahren?

»Kommt auf den Preis an, aber lass dich nicht wie üblich übers Ohr hauen … Hier in meinem Führer steht, dass ein Ticket für die einfache Fahrt 25 € kostet, also bitte, wenn du das hinkriegst … Aber damit eins klar ist: Nicht wieder in dieser Klapperkiste!«, raunt sie mir ins Ohr.

Der betagte Portier des Hotels kommt auf uns zu und schiebt den Gepäckwagen vor sich her, aber Benvenuto kommt ihm zuvor.

»Danke, Benvenuto. Also, sag mir doch mal, was die Fahrt morgen kosten soll.«

Sein Angebot beginnt bei »*120 000, todo incluido …*«, was unverschämt hoch klingt, aber ich weiß ja, dass er von Pesos spricht, und wenn ich mich nicht irre, entspricht ein Euro beim aktuellen Wechselkurs 6400 Pesos. Ich überschlage die Summe kurz und biete ihm nun 100 000 an. Er schlägt ein und verspricht, am nächsten Tag Punkt zehn in seinem neuen Mercedes aufzukreuzen. Ich wusste ja, dass ich einen neuen Freund gewonnen hatte, aber ich hätte nie gedacht, dass er gleich auf mein Angebot eingeht … Das ist schließlich ein Rabatt von 20 Prozent! Als ich das Jutta erzähle, bessert sich ihre Laune schlagartig. Sie ist nämlich im wahrsten Sinne des Wortes ein Stimmungsbarometer. Im Verlauf eines Tages kann ihre Laune ganz plötzlich umschlagen, je nach den aktuellen Hochs und Tiefs: Mal steht alles auf Sturm (wenn beispielsweise eine Lüftungsdüse klemmt), und dann ist wieder alles heiter bis sonnig.

»Bravo, mein Schatz!!! Aber pro Person?«

»Neeein, sogar bloß 15 € insgesamt, inklusive Autobahngebühr und in einem Luxusschlitten. Du wirst schon sehen! Ich bin ihm halt sympathisch, und vielleicht wollte er auch einfach nur etwas wiedergutmachen.«

»Okay … Wenn das so ist … Ich verzeih ihm!«

Das Hotel, das Su für uns reserviert hat, strahlt diesen Retro-Charme aus, den ich so liebe: etwas heruntergekommen, aber mit dem gewissen Etwas. Gleich neben der Plaza de Armas gelegen, hat es nur wenige Zimmer, dafür drei sich überlagernde Stilrichtungen: Kolonialstil aus dem 16. Jahrhundert, als es von den Spaniern erbaut wurde, und dann etwas nüchterner aus der Zeit des Pinochet-Regimes, in der es restauriert wurde. Den endgültigen Schliff bekam es vom jetzigen Eigentümer verpasst, der es mit lauter Designermöbeln aus Italien vollgestellt hat. Unser Zimmer ist sehr hell, mit einem großen Fenster, das auf eine enge, ruhige Gasse geht, und auf der Terrasse steht ein Whirlpool, in den wir jetzt liebend gern abtauchen würden, wenn wir nur Zeit dafür hätten. Die Terrasse ist sowieso das Beste am ganzen Zimmer: Von ihr hat man einen phantastischen Blick über die Dächer der Stadt. Unten im Garten sehe ich den alten Portier die Blumen gießen. Eigentlich kann er mich nicht gehört haben, doch er dreht sich um, als hätte er meinen Blick gespürt. Er winkt mir zu und schenkt mir ein breites Lächeln. Als ich so die Stadt betrachte und an das unendliche Leid denke, das erst die spanische Invasion und dann Pinochets Militärputsch über dieses Land gebracht haben, wirkt jede Art von Nostalgie sinnlos und gefährlich. Doch die Fassaden dieser Gebäude mit den offensichtlichen Spuren des Verfalls und das nette Lächeln dieses alten Mannes sind Bilder, die ich auch heute noch im Herzen trage.

Wir gehen zu Fuß zum Restaurant, die Herzlichkeit der Menschen, die uns begegnen, verblüfft uns immer wieder. *El Barrio Bellavista* ist eine Insel voller Menschen in dem anonymen Meer der Großstadt. Bis spät in die Nacht tummeln sich hier vorwiegend junge Leute und Studenten, es ist eines der Zentren der chilenischen *movida* und mit Sicherheit das beliebteste Künstlerviertel. Das Lokal, das genauso heißt wie das Viertel und in dem wir uns mit Susana verabredet haben, liegt der Plaza Mori gegenüber. Die Salsaband, die auf dem klei-

nen Platz vor unserem Tisch spielt, kommt allmählich
in Fahrt. Der *bogoncero* mit den Bongos zwischen den
Knien trommelt, was das Zeug hält. Jutta möchte gleich
wieder loslegen.

»Schatz, bitte nicht, sonst halten wir den ganzen Verkehr auf …«

Sie lächelt. Sie hat verstanden. Während wir auf
Su warten, schlage ich ihr vor, einen *Pisco sour*, den
berühmten chilenischen Aperitif aus dem regionalen
Tresterbrand, Limettensaft, Eiweiß und Zuckersirup, zu
trinken. Da meldet sich mein Handy. Meine Freundin
ist angekommen, aber in dem Gedränge hat sie uns
nicht gefunden. Ich sage ihr, sie soll unter dem Ein-
gangsbogen des Barrio auf mich warten, und gehe ihr
entgegen.

Ich muss gestehen, dass ich mir leider überhaupt keine
Gesichter merken kann und dadurch schon oft schrecklich ins Fettnäpfchen getappt bin. Und Susana habe ich
auch nur drei- oder viermal in meinem Leben bei ihren Stippvisiten in Rom gesehen. Aber nun habe ich
sie entdeckt! Und ihren Hund Billo erkenne ich auch
wieder! Er muss es sein, denn er rennt auf mich zu und
springt schwanzwedelnd an mir hoch. Vorsichtig nähere
ich mich meiner alten Freundin von hinten, lege ihr die
Hände auf die Augen und raune ihr ins Ohr:

»Na, so allein, schöne Frau?«

Die Frau dreht sich um, ein entgeisterter Blick, und
dann verzieht sich ihr Mund zu einem entsetzlichen
Schrei:

»SOCOORRROOOO!«

Nach fünf Sekunden haben mich sämtliche Polizisten
der Gegend umzingelt. Die Unbekannte prügelt mit
der Leine auf mich ein, während ihr Hund knurrend an

meiner Hose zerrt. Erst da kommt die echte Su hinzu. Allerdings sehen die beiden Damen sich wirklich verblüffend ähnlich. Ich entschuldige mich bei der Unbekannten und all den Schaulustigen und erkläre, dass da wohl ein Missverständnis vorliegt, während Su sich vor Lachen kaum mehr halten kann. Ihren Billo hat sie übrigens heute Abend zu Hause gelassen.

Gemeinsam gehen wir zu Jutta, die immer noch an ihrem *Pisco sour* nippt. Sie können sich vielleicht ihr Gesicht vorstellen, als sie mich etwas derangiert auf sich zukommen sieht.

»Mein Gott, was ist dir denn passiert?«

»Ach, gar nichts, das erkläre ich dir später ... Das hier ist Su.«

»Ein klassischer Fall von Verwechslung, bei dem auch ein kleiner Hund eine Rolle spielt ... Sehr erfreut, dich kennenzulernen, Jutta!«

Nach und nach bessert sich Juttas Stimmung wieder, und es wird ein ganz reizender Abend. Die Gambas sind vorzüglich, und dann dieser Drink! *Pisco sour* ist wirklich göttlich! Ich bestelle mir gleich noch einen. Endlich löst sich der ganze Stress, und auch meine Beine unter dem Tisch zucken allmählich im Rhythmus dieses *sonido latino*: eine herrliche Mischung aus Rumba, Mambo, Cha-Cha-Cha, Salsa und Merengue.

Wir unterhalten uns über die Kreuzfahrt und die Landausflüge, die wir unternehmen können. Laut Prospekt werden wir genügend Zeit dafür haben. Dann kommt das Gespräch auf Kleidung. Da ich nicht wusste, was man an Bord am besten trägt, habe ich meine klassische Sommergarderobe eingepackt (Shorts, T-Shirts und Flip-Flops) plus ein paar elegante Anzüge für die Lesung und die Galadinners.

»Meine Krawatte hab ich natürlich zu Haus gelassen. Ich hasse diese Dinger, die schnüren einem einfach die Luft ab …«

Hätte ich mal lieber nichts gesagt! Gleich bricht ein zwanzigminütiges Donnerwetter über mich herein. »Es ist doch immer dasselbe mit dir, du musst immer um jeden Preis auffallen!« Und so weiter.

Ich trage nun einmal höchst ungern Krawatten. Ich glaube zu ersticken, genau wie ich mir in zu engen Blazern vorkomme wie in einer Zwangsjacke. Da lob ich mir doch einen schönen lockeren Pulli, der mir meine Bewegungsfreiheit lässt. Den trage ich auch zu geschäftlichen Terminen im Winter und im Sommer ein offenes Hemd. Ein Jackett im Sommer ist für mich eine Qual, auch wenn es ein »superduperluftiges« Teil aus Leinen oder eines dieser neumodischen Textilien ist. »An Bord gilt eine Kleiderordnung, Bruno, an die man sich halten muss … Du kannst doch nicht immer glauben, dass du mit deiner Indiana-Jones-Masche durchkommst.«

Was sie sonst noch in den nächsten zwanzig Minuten gesagt hat, weiß ich nicht, ich habe meine Ohren auf Durchzug gestellt. Erst als sie mir erzählt, dass der Maître ganz bestimmt Ärger machen würde, funktionieren meine Stimmbänder wieder, und ich bitte sie, doch endlich das Thema zu wechseln. Su übernimmt das und erzählt uns etwas über Valparaiso; sie legt uns ans Herz, doch unbedingt vor dem Einschiffen noch die wunderbaren Parks zu besichtigen, einen Spaziergang auf der Strandpromenade zu machen und auf keinen Fall einen Besuch im *La Sebastiana* zu versäumen, der vierstöckigen Villa des berühmten Nationaldichters Pablo Neruda, die jetzt als Museum eingerichtet ist.

Beim Anblick eines tanzenden Paars (ganz bezaubert

von den rhythmischen Beckenbewegungen des Mannes ist Jutta natürlich gleich aufgesprungen und hat sich zu ihnen gesellt) hält es auch Su und mich nicht länger auf den Stühlen.

»Los, Bruno, lass uns tanzen! Ich zeige dir, wie man Merengue tanzt … Schau doch nur, wie toll Jutta das macht …«

»Aber ich kann das doch nicht …«

»Wenn du tust, was ich dir sage, dann mache ich in einer Nacht einen phantastischen *merenguero* aus dir!«

Ich gebe mich dieser magischen Musik und dem mitreißenden Takt der *congas* hin. Eine einzigartige Sinneserfahrung: Man entdeckt den Körperkontakt neu, genießt die Wärme von unbekannten Leibern, der Geruchssinn berauscht sich an dem Duft von Minze, Früchten. »… *quiero pasarme la vida … llenándola toda de tii … voy a escapar de las horas … de cada momento sin tii …*«

Das Bellavista ist ein einzigartiger Ort, scheinbar außerhalb von Raum und Zeit, wo sich Menschen berühren, kennenlernen, amüsieren, um dann wieder als Fremde auseinanderzugehen. Wir sind bestimmt um die 200 Leute, es ist schrecklich eng, nichts für Klaustrophobiker. Da tritt man schnell mal dem anderen auf die Füße, wie auch ich mit meinen unsicheren Bewegungen …

»Autsch! Hey, ich habe doch nicht gesagt, dass du mir meine Füße platt treten sollst! Es ist doch ganz leicht, du musst nur das Gewicht von einem Fuß auf den anderen verlagern und dazu im Takt das Becken schwenken … Jetzt schau doch! Nur zwei Schritte – eins, zwei … Und nicht weglaufen, immer schön auf der Stelle tanzen …«

Der Abend vergeht angenehm, die Stunden fliegen

nur so dahin. Um Mitternacht will Su uns noch zum
Cerro San Cristobal bringen, dem höchsten Punkt der
Stadt. Wir haben zwar erst Januar, aber in Chile ist schon
Sommer, und heute gibt es ein Feuerwerk.

»Wenn man oben auf dem Cerro steht, in den Himmel sieht und sich etwas wünscht, geht dieser Wunsch
fast immer in Erfüllung. Da müssen wir unbedingt noch
hin!«, sagt Su.

Jutta reizt diese Vorstellung, ich dagegen bin todmü-
de – vielleicht sind daran auch die etlichen *Pisco sour* und
der Merengue schuld – und kann mich kaum noch auf
den Beinen halten.

»Hey, *guapo*, du willst mir doch nicht weismachen,
dass du müde bist?«, fragt Su.

»Achte gar nicht auf ihn«, sagt Jutta. »Um diese Uhrzeit verträgt der nicht mal ein Glas Milch.«

Ich weise vorsichtig darauf hin, dass es bestimmt am
Jetlag liegt, wenn mein Kopf im Moment nicht mehr
ganz aufnahmefähig ist. Ich bin wirklich völlig alle und
auch ein bisschen beschwipst. Mit bitterernster Miene
verfolge ich ihre Scherze, bei denen ich eigentlich laut
lachen müsste, und kann erst wieder lächeln, als der Kellner die Rechnung bringt, allerdings habe ich ihn auch
mit Benvenuto verwechselt. So ist das immer, wenn ich
mit Jutta unterwegs bin: Wenn irgendwo gute Musik
erklingt, lasse ich mich gerne mitreißen, oder wenn es
etwas Gutes zu trinken gibt, bin ich liebend gern dabei,
aber nach ein oder zwei Stunden habe ich genug und
werde müde, während sie noch bis zum Morgengrauen
weitermachen könnte. Genau wie heute Nacht, mein
Körper schreit nach einem Bett. Aber daran ist gar nicht
zu denken! Wenn Jutta sich etwas in den Kopf gesetzt
hat, wird das auch gemacht. Und basta.

Ich sehe eine Sternschnuppe, während wir das Feuerwerk betrachten. Und Su fängt wieder mit ihren Wünschen an.

»Jutta, du kannst jetzt drei Wünsche äußern. Aber es muss schon etwas Konkretes sein. So etwas wie *Ich wünsche mir eine bessere Welt* zählt nicht, du musst schon etwas genauer sagen, was du verbessern möchtest.«

»Und wenn ich sie ausspreche, gehen sie auch noch in Erfüllung?«

»Aber sicher, nur so funktioniert es. Wünsche muss man laut aussprechen, alle müssen sie hören.«

»Mal sehen … Als Erstes denke ich an …«

»Nicht erst lange überlegen … Mach schon!«

»In Ordnung. Erstens: Es soll keine unheilbaren Krankheiten mehr geben. Zweitens: Jeder soll eine anständige Arbeit bekommen. Drittens: Keine Gewalt gegen Kinder. Und du?«

»Ich … will die Elemente beherrschen, Geld haben, und zwar richtig viel Geld, und alle Waffen und Waffenfabriken von der Erde verschwinden lassen. Bruno, jetzt bist du dran!«

»Ich will nie mehr so blöde Weiber treffen wie euch … Wünsche sagt man doch nicht laut, sonst gehen sie doch niemals in Erfüllung!!!«

»Aber wenn Su uns doch gerade erklärt hat, dass es hier eben so funktioniert? Musst du denn immer querschießen?«

»Also gut, wenn ihr darauf besteht … Erstens: Ich will sofort ins Bett. Zweitens: Ich will, dass der Portier mir mein Gepäck trägt.«

Su schaut Jutta entgeistert an, aber die winkt nur ab.

»Drittens: Ich will nie wieder seekrank werden!«

Im Grunde ist es gar nicht so schwer, daran zu glauben, dass das Schicksal es gut mit einem meint, man muss bloß den Mut haben, zu sagen, was man will. Ein paar Minuten später sind wir wirklich zurück im Hotel. Zumindest der erste meiner Wünsche ist in Erfüllung gegangen. In weniger als vierundzwanzig Stunden werden wir uns auf der MS Poseidon einschiffen, und dann hoffen wir mal, dass auch der letzte Wunsch wahr wird …

2. TAG

Ein Paradies namens Valparaiso
Jutta

Er ist halt doch ein Gauner! Benvenuto aus Gaunerland!

Bevor er uns gestern Abend am Hotel absetzte, erkundigte Benvenuto sich so ganz nebenbei nach unseren Plänen am nächsten Tag. Er riet uns zu dem Sightseeingbus, aus dem man zwischendurch immer aussteigen kann. Hop-on, hop-off sozusagen. Auf meine Frage, wo denn der Bahnhof wäre, da wir planten, mittags nach Valparaiso zu fahren, entgegnete er, dass dies völlig unmöglich sei, denn dort führen schon seit langem keine Züge mehr hin. Was also tun? Den Bus nehmen? Denn auch diese Reisemöglichkeit, so hatte man mir in Deutschland versichert, wäre unproblematisch. Benvenuto jedoch malt uns die Busfahrt in das 120 km entfernte Valparaiso in den finstersten Farben aus. Es sei auch nicht ungefährlich für Touristen, da quasi alles von Mensch über Huhn bis Ziege mitfahren würde. Sofort erinnerte ich mich an eine Bustour vor 30 Jahren von Acapulco nach Mexico City über die Berge, wo der Fahrer alles, wirklich alles mitnahm, was am Straßenrand stand. Unbeschreiblich damals, strapaziös gewiss, aber auch höchst amüsant! Nur bin ich jetzt keine 25 mehr, und Bruno ist sowieso gänzlich ungeeignet für so eine Aktion.

Somit ergriff Bruno die Initiative und blinzelte unseren liebenswürdigen Benvenuto vielsagend an. Er würde sich doch sicherlich gerne morgen etwas dazuverdienen, schlug er ihm vor, und uns deshalb einen guten Preis für eine Taxifahrt nach Valparaiso zur MS Poseidon machen. Wie Bruno kurz darauf im Hotelzimmer prahlte, hätte er dem Guten einen ordentlichen Preis aus der Nase gezogen, rund 15 € für uns beide wäre ja geradezu geschenkt. Ich widersprach nicht, weil ich keine Vergleichsmöglichkeiten hatte und uns ja sowieso nichts anderes übrigblieb. Geärgert habe ich mich ein bisschen, weil man mir im deutschen Reisebüro versichert hatte, dass stündlich Züge und Busse in diese kleine Stadt am Meer führen.

Die MS Poseidon ist schon von weitem zu erkennen. Die Bucht mit dem langen Strand zieht sich über sicherlich 20 km hin, um dann im Hafen zu münden, in dem weiß und riesig unser Schiff liegt.

Ich schiele zu Bruno, um seinen Gemütszustand beim Anblick des großen Dampfers zu erahnen. Er scheint entspannt zu sein. Vielleicht liegt es am Abstand zu Europa oder dem Duft der üppig am Straßenrand blühenden Oleanderbüsche, deren farbenfroher Anblick uns sofort in Ferienstimmung versetzt, vielleicht ist es aber auch der Salsa und dem chilenischen Wein von letzter Nacht zu verdanken. Wie auch immer, möge es so bleiben und nun unsere Abenteuerreise mit Poseidon, dem Gott des Meeres, ihren glücklichen Anfang nehmen.

Benvenuto nutzt die Gunst der Stunde, als er unsere erwartungsfrohen Gesichter sieht, und verlangt ebenso gut gelaunt 180 € für die Fahrt einschließlich der Maut für die Autobahn. Bruno schluckt und hyperventiliert, doch es nützt nichts: Benvenuto kann sich absolut nicht an irgendeine Verabredung erinnern, und außerdem sei heute Sonntag, und da koste es von Haus aus mehr.

Ich schnappe mir mein Gepäck und ziehe grußlos in Richtung Schiff. Eine Prügelei möchte ich nicht mit ansehen, notfalls kann ich es ja wiedergutmachen, indem ich ihm ein Pflaster auf die geschundene Nase klebe.

Offensichtlich hat Bruno auf eine tätliche Auseinandersetzung verzichtet, denn er ist unversehrt. Bis auf seine Laune. Stinkig ist er, ergeht sich in einer Tirade von Schimpfwörtern, über Räubermentalität, korruptes Verhalten, von wegen Demokratie und vieles mehr, die ich Arme mir anhören muss, obwohl ich ja nun wirklich nichts dafür kann. Jedenfalls fast nichts, denn Bruno hatte vor einiger Zeit vorgeschlagen, für diese Fahrt besser ein Auto zu mieten, was ich jedoch empört abgelehnt habe, da ich es für eine überflüssige Ausgabe hielt. Schließlich hatte ich die Information, das Zugticket nach Valparaiso würde maximal 25 € kosten.

Der Empfang auf dem Schiff ist eher dezent, sind wir doch als Künstler registriert und nicht als VIPs – very important passengers. Man erklärt uns, wo wir unsere Kabine finden, das Gepäck sollen wir erst mal stehenlassen, es wird später gebracht. Kein Begrüßungscocktail, kein Tschinderassabum, dafür freundlich distanzierte Professionalität.

Über die Kabine kann man nicht meckern. Überhaupt scheint das Schiff geschmackvoll eingerichtet zu sein, vielleicht ein bisschen zu viel Gold und etwas antiquiert, aber blitzsauber. Am liebsten würde ich jetzt schnell auspacken und dann losziehen, aber die Koffer stehen ja am Eingang. Wir stehen etwas unbeholfen da und warten, während ich alle Schränke und Schubladen öffne und die Sachen aus meinem Rucksack und meiner Handtasche verstaue. Da fällt mir eine Broschüre über Pablo Neruda in die Hände, über das Haus, in dem er

39

mit seiner Gattin gelebt hat, es war jahrzehntelang in Privatbesitz und ist nun als Museum für die Öffentlichkeit zugänglich. Genau da will ich hin!

Auf meine Frage, ob denn mein geliebter Schatz gedenke, mit mir zu kommen, ernte ich die mufflige Antwort, er sei müde, heiß wäre ihm, und er würde jetzt auch lieber allein sein und an den Strand gehen, basta. Meinen Rat, an Bord eine Sonnencreme zu kaufen oder wenigstens zu warten, bis unser Gepäck kommt, denn in meinem Beautycase befänden sich diverse, wischt er mit einem verächtlichen »Pfff« beiseite, er sei Italiener und von Geburt an Sonne gewöhnt.

Ich setze meinen Sonnenhut auf, stecke ein paar Dollar in mein Umhängetäschchen und wünsche dem Muffelkopf einen schönen Nachmittag.

Vor dem Verlassen eines Kreuzfahrtschiffs muss man sich registrieren lassen. Die Kabinenkarte wird durch einen Schlitz vor einem großen Monitor gezogen, und sofort erscheint dein Passbild mit allen Daten. Somit läufst du nicht Gefahr, an Land vergessen zu werden, zumindest werden sie dich suchen. Das begeistert mich, und gleichzeitig beruhigt es mich auch, denn zu gerne vergisst Bruno auch mal die Zeit und kommt daher häufig zu spät.

Auf dem zollfreien Gelände vor dem Anlegeplatz des Luxusliners befindet sich ein Counter, an dem es kleine Stadtpläne gibt, und so studiere ich erst einmal, wo die eigentliche Stadt liegt, wie ich da hinkomme und wo das Haus von Pablo Neruda steht. Was ich dann auf meinem Ausflug zu sehen bekomme, entzückt mein Auge dermaßen, dass ich am liebsten eine Woche hierbleiben möchte, um alle Ecken zu erkunden. Eine auf zahlreiche Hügel verteilte kunterbunte Stadt aus Stein und

Holz, Häuser mit Erkerchen und Fensterläden, schmiedeeisernen Gartenzäunen und Vorgärten, in denen die buntesten Blumen blühen! Unglaublich steil und schmal sind die Gassen, die sich fast senkrecht die Hügel hinaufschlängeln. Ich freue mich über jede Querstraße, an der ich mich im Schatten eines Balkons kurz ausruhen kann. Mit einer Bergtour hatte ich nicht gerechnet! Ich entdecke kleine Cafés, Boutiquen und winzige Restaurants mit dem morbiden Charme des vergangenen Jahrhunderts, in denen es von fröhlichen, lockeren Menschen wimmelt. Musik dringt an mein Ohr, Salsa, Tango, lateinamerikanische Folklore, Jazz … Ich ertappe mich dabei, wie sich meine Hüften rhythmisch im Takt bewegen. So lässt es sich leichter gehen, denke ich mir, und sicher auch leichter leben. Sofort packt mich die Sehnsucht, mein Leben zu verändern. Wie so oft stelle ich mir vor, einfach eine Zeitlang Deutschland für ein anderes Leben den Rücken zu kehren. Eine Phantasie, die ich schon Hunderte von Malen durchgespielt habe, aber nie umsetze, denn letztlich hätte ich dann wieder Sehnsucht nach meiner Heimat.

Pablo Neruda war ebenfalls ein Suchender, ein von ständigen Sehnsüchten nach verlorenen oder noch nie gefundenen Orten getriebener Mensch. Als Sohn eines Lokführers, den er auf vielen Reisen vorne in der Lokomotive begleiten durfte, besah er sich hinter der gewölbten Frontscheibe die Weite dieser so ursprünglichen chilenischen Landschaft. Schon in ganz jungen Jahren begann er seine Sehnsüchte niederzuschreiben. Um jedoch der Kritik seines eher bodenständigen Vaters aus dem Weg zu gehen, legte er sich das Pseudonym Pablo Neruda zu. Pablo, weil er die Musik des Geigers und Komponisten Pablo de Sarasate so mochte, und

Neruda, weil er auf dem Deckblatt einer Komposition von Sarasate eine Widmung für die tschechische Geigerin Norman-Neruda gelesen hatte. Nun stehe ich also vor seinem Haus und erkenne die Umsetzung seiner Sehnsüchte. Lange suchte er, müde von dem Lärm in Santiago de Chile und den vielen Jahren der Flucht, dem französischen Exil und letztlich seiner Rückkehr nach Chile Anfang der fünfziger Jahre, ein Plätzchen, an dem er sich ganz dem Schreiben widmen konnte. Seine Ansprüche waren jedoch hoch. Es sollte in einem der Hügel versteckt liegen, nicht zu weit oben, so dass die Anbindung an Geschäfte gewährleistet war, aber auch nicht zu weit unten, denn er wollte ja seine Ruhe haben. Angenehme Nachbarn wünschte er sich, die jedoch unsichtbar und leise weit genug entfernt sein sollten. Das Haus durfte weder zu klein noch zu groß sein, und vor allem sollte es einen Panoramarundblick bieten, der jegliches Reisen der Gedanken und Träume zuließ. Das Wichtigste jedoch war, dass es billig war. Ich schaue hoch zu diesem wie ein chinesisches Vogelhäuschen konzipierten fünfstöckigen bunten Ungetüm. Fenster über Fenster, kleine runde, große übers Eck gehende, in Rundungen aneinandergereihte, sich nach allen Seiten öffnende riesige Flügelfenster. Wie aufeinandergepappt sehen die einzelnen Stockwerke aus. Das unterste mit dem Haupteingang ist in Weiß und Braun gehalten, darüber leicht versetzt ein oranges, dann ein hellblaues und schließlich zwei weitere kleinere Fenster in Rot und Braun.

Angeblich hat er es selbst mit Hilfe zweier Architekten, denen er mit Sicherheit den letzten Nerv geraubt hat, in einer dreijährigen Bauphase fertiggestellt. Sein Haus war weiblich, und er nannte es La Sebastiana. Ich würde es eher als Hermaphroditen bezeichnen. Es hat viele Rundungen, sowohl an den Decken wie auch an den Wänden, auch die schmalen Innentreppen sind gewunden, doch es gibt auch klare gerade und männlich wirkende Strukturen. Alles erinnert mich ein bisschen an den spanischen Architekten Gaudí oder auch an Gebäude mit anthroposophischen Elementen. Nun ja, er war ja weit herumgekommen in der Welt. Auch die Inneneinrichtung ist ein Sammelsurium von selbst entworfenen Objekten und Schätzen aus aller Herren Länder. Er hatte sich eine Bar eingerichtet, an der er regelmäßig Freunde versammelte und allabendlich für sich und seine Frau Cocktails mischte, um am Fenster in die beginnende Nacht zu träumen. Pablo Neruda sammelte alles: Federn, Glas, Uhren, Landkarten, Kacheln, Nippes und Schreibmaschinen. Ein besonders schönes altes Exemplar, auf der er auch selbst schrieb, steht in einem eingebauten Regal.

Besonders aufregend finde ich sein Badezimmer. Winzig ist es und hat ein mit buntem Glas verziertes rundes Gucklochfenster. Jede Fliese ist anders und von Madame Neruda handbemalt. Selbst die kleine Badewanne ist am oberen Rand mit Malerei verziert. Einfach hinreißend! Ich glaube, die beiden haben hier sehr glückliche Zeiten verlebt.

Einen Gipfel zu erklimmen ist, so weiß ich seit frühester Kindheit, wenn ich mit meinem Vater und später mit Freunden in die Berge ging, eine Sache des Rhythmus, der Einteilung und Kontinuität. Nur mit einem gleichmäßigen Schritt, der in Einklang mit deinem Atem stehen muss, kannst du lange Bergwanderungen problemlos überstehen, der Abstieg macht jedoch Mühe. Der Unkundige lässt sich einfach den Berg runterfallen.

Hüpft, springt, wird vom Tal angezogen, überlässt sich
dem ihm aufgedrückten unregelmäßigen Fall nach vorne, um spätestens im Tal festzustellen, dass dieser Abstieg die Knie über alle Maßen strapaziert hat. Wehe dir,
wenn du auch noch das falsche Schuhwerk anhast!

So wie ich gerade. Schon auf dem Weg zu Pablo
Nerudas Haus habe ich mich über meine Dummheit
geärgert, mit Riemchensandaletten eine Stadt zu besichtigen. Ging dies bergauf noch einigermaßen, so könnte ich mich jetzt verfluchen. Scharf schneiden mir die
Riemchen zwischen den Zehen ins sensible Fleisch. Der
Asphalt unter mir ist heiß, wenn nicht sogar kochend,
und durch die dünne Ledersohle deutlich zu spüren. An
Barfußlaufen ist also nicht zu denken. Dennoch genieße
ich dieses Hinunterlaufen, denn der Ausblick auf die
Stadt ist einfach grandios! Ich entdecke den Strand und
beschließe, mich zu Bruno zu gesellen und ihm von
meinem Erlebnis zu erzählen. In solchen Momenten bin
ich immer traurig, wenn etwas ein gemeinsames Erleben gestört hat, und sei es unsere Bockigkeit. Nebenbei
stimmt mich die Aussicht froh, bald meine geschunde-
nen Füße in den kühlen Pazifik zu tauchen.

Der Weg zum Strand zieht sich unerwartet hin, und
ich lege auf halber Strecke ein Päuschen ein, trinke einen köstlichen kalten Milchkaffee und esse ein chile-
nisches süßes Etwas, worauf ich dringendst klares Wasser
nachschütten muss, und mit dem Groove lateinamerika-
nischer Musik, die mich schon beim Anstieg betört hat,
hüpfe auch ich talwärts.

Als ich endlich am Strand ankomme, bin ich enttäuscht. Kein karibisch anmutender weißer Sand, sondern grobkörnige graubraune Kiesel empfangen mich.
Das Wasser ist nahezu schwarz, und immer wieder tau-

chen Köpfe und schwarz glänzende Körper von Robben und Seelöwen auf. Sonst schwimmt niemand in dem eiskalten Wasser. Überhaupt hat dieser Strand wenig mit dem zu tun, was ich unter einer gepflegten Strandkultur verstehe. Zwar liegen Menschen zuhauf in Badekleidung oder komplett angezogen auf Handtüchern und Bastmatten, schließlich ist ja Sonntag, aber irgendwie ist alles eher trist. Mir wird schlagartig klar, dass ich Bruno hier nicht weiter vermuten muss, denn hier würde er sich nicht wohl fühlen.

Dennoch schlendere ich ein wenig weiter, da ich am Ende des Strands eine große Terrasse mit Sonnenschirmen entdeckt habe. Wenn er doch hier ist, dann sitzt er dort. Während ich zielstrebig auf die Schirme zusteuere, fällt mir eine Gruppe von drei Männern neben einer Bananenstaude auf. Wahnsinn, wie kann man sich nur so in die Sonne knallen, denke ich mir noch, bis mir der eine bekannt vorkommt.

Er schläft tief und fest im gnadenlos herniederbrennenden Sonnenschein. Jetlag, logisch, ich könnte mich jetzt auch dazulegen, aber das hier ist so gar nicht seine Art. Seinen Körper hat er auch bis auf die kurze Hose bloßgelegt, und alles grillt fröhlich in der Sonne. Mir wird ganz anders. Es kostet mich einige Mühe, ihn aus seinen Träumen rauszuholen und zum Aufstehen zu zwingen. Schwindelig ist ihm, und erst jetzt erkenne ich das Ausmaß seiner Verbrennungen im Gesicht, auf dem Oberkörper und den Armen. Rot wie ein Hummer ist er, der Leichtsinnige! Eigentlich muss ich kein Mitleid haben, denke ich mir. Hab's aber doch. Hastig packe ich seine Habseligkeiten zusammen, denn ich will mit ihm so schnell wie möglich vom Strand in unsere sichere Kabine verschwinden, um mir das Dilemma genauer anzusehen. Mittlerweile sind die beiden Männer an Brunos Seite ebenfalls erwacht, und Bruno gibt mir zu verstehen, dass es neue Freunde von ihm sind, die denselben Weg wie wir hätten, also könnte man sich ja gemeinsam ein Taxi zur MS Poseidon nehmen.

Das ist leichter gesagt als getan. Weit und breit gibt es hier keinen Taxistand. Als schließlich doch eines in hohem Tempo auftaucht und an uns vorbeizurauschen droht, stürze ich mich ihm entgegen und stoppe es. Keiner der Herren hätte das getan, also was bleibt mir anderes übrig, selbst auf die Gefahr hin, überrollt zu werden. Doch er bremst rechtzeitig, der gute Taximann, und lässt uns einsteigen. Im Rückspiegel sieht Bruno sein Gesicht und fängt an zu jammern.

»Es ist ja knallrot«, sagt er zu mir, »schau dir das mal an«.

»Hab ich dir doch vorhin schon gesagt«, erwidere ich.

Na, das kann ja eine heitere Nacht werden. Er nimmt die Sonnenbrille ab und schaut mich an. Ich muss grinsen, denn er sieht aus wie eine Rothauteule. Das wird ihm aber nicht gefallen, denke ich mir und sage lieber nichts dazu. Stattdessen versprühe ich Zuversicht und beruhige ihn mit der Erklärung, dass eine hellhäutige deutsche Blondine sehr gut mit einem Sonnenbrand umgehen kann, da sie ja nicht wie ein Italiener an so viel starke Sonne gewöhnt ist! Ich beschreibe ein altes Großmutter-Antisonnenbrandmittel, und er verzieht das Gesicht.

In unserer Kabine kollabiert er fast bei seinem Anblick.

»Ich muss sofort in eine Klinik«, schreit er hysterisch und zieht sich komplett aus, um seine verbrannten Beine zu betrachten. Wo der Bademantel sei, fragt er mich, es gäbe hier mit Sicherheit einen Bademantel, und wo

46

die Klinik hier an Bord sei, es gäbe hier mit Sicherheit eine Klinik! Ich zucke mit den Achseln und verlasse die Kabine, um alles an der Rezeption zu erfragen.

Als ich wenig später mit allen Informationen und zwei blütenweißen Bademänteln nebst ebenso weißen Badelatschen wiederkomme, schaut mich ein Häufchen rotes Elend an, und ich kann nur noch milde sagen: »Poverino, du armer Kleiner.«

Im dritten Stock des Bauches unseres noch völlig unerforschten Schiffes befindet sich eine kleine Klinik. Der reizende Schiffsarzt Dr. Schmitz schaut sich die Bescherung an, sagt »oje« und verschreibt eine Creme. Allerdings habe die Bordapotheke erst am Abend nach Auslaufen des Schiffes geöffnet, da die Mannschaft – bis auf das Küchen- und Kabinenpersonal-Freigang habe. Er könne da jetzt eigentlich nicht viel machen, sich so in die Sonne zu legen, ganz ohne Sonnenschutz, wäre ja wirklich fahrlässig, auch für einen sonnengewöhnten Menschen, wir seien ja hier nahe am Äquator, das dürfe man nicht unterschätzen. Auf keinen Fall solle sich Bruno die nächsten vierundzwanzig Stunden auch nur im Geringsten UV-Strahlen aussetzen. Wir versprechen es, und ich schnappe mir das Rezept, während Bruno von der Schwester in Obhut genommen wird.

»Bitte lass dich jetzt in die Kabine bringen, leg Handtücher aufs Bett und zieh dich komplett aus, ich bin gleich wieder da.«

Das Küchenpersonal würde arbeiten, hat er gesagt! So, ob Bruno will oder nicht, aber jetzt werde ich mein Hausrezept anwenden!

Bevor er lautstark protestieren kann, mache ich mich auf den Weg zur Küche. Sicherlich ist sie auch im Unterdeck. Während ich vorsichtig eine Tür öffne, auf der

47

CREW ONLY steht, kommt mir ein Filipino entgegen und scheucht mich, wenn auch freundlich, auf den Gang zurück. Gut, dann muss ich es halt über ein Restaurant machen, dauert zwar länger und ist mit viel Erklärungen und sicherlich auch Kosten verbunden, aber nicht zu ändern. Ich steige die Haupttreppe zu Deck acht hoch, wo sich Swimmingpool und Bar befinden, und schnappe mir einen Steward.

»Verzeihen Sie, Sir«, schmalze ich ihn an, »ich benötige Ihre Hilfe! Könnten Sie mir netterweise aus der Küche ein Pfund Quark, eine Schüssel Eis und etwa zehn Stoffservietten bringen?«

Der Gute schaut mich entgeistert an.

»Mein Mann hat einen schrecklichen Sonnenbrand, die Apotheke ist geschlossen, und schon meine Großmutter hat einen Sonnenbrand mit Quarkwickeln erfolgreich …«

»… bekämpft«, beendet der nun nicht mehr erstaunte Steward meinen Satz. Er fragt nach unserer Kabinennummer, aber ich gebe ihm zu verstehen, dass es mir lieber wäre, hier auf ihn zu warten und das Erbetene von ihm persönlich entgegenzunehmen. Gottlob, er lässt sich darauf ein. Ich sehe mich um. Der Pool ist größer als erwartet, nur leider ohne Wasser. Schön brav in Reih und Glied stehen Deckchairs herum, teils unter langgezogenen Vordächern, teils unter freiem Himmel. Na, im Schatten kann er morgen sicherlich liegen, denke ich mir. Morgen ist nämlich ein reiner Seetag angesagt, und den in der Kabine zu verbringen wäre ja traurig. Eine einladende Bar aus Mahagoniholz mit bronzefarbenen Zapfhähnen sticht mir ins Auge.

Ja, genau das brauch ich jetzt, ein kühles frisch gezapftes Bier! Glücklich, wenigstens einen Gast bedienen zu können, der arme Barmann hat wohl keinen Freigang, lässt er schäumend das goldene Nass in ein Glaskrüglein laufen. Was gibt es Besseres nach so einem Tag! Als Münchnerin brauche ich einfach ein Bier, um zu entspannen. Tatsächlich kommt mein Steward mit Schüssel, Eis, Quark und Servietten. Das sei eine Ausnahme, normalerweise müsste so was über die Bücher laufen, aber es sei grad keiner da – Freigang –, und deshalb gäbe er es mir so mit. Ich bedanke mich überschwänglich, stelle mich als lesende Künstlerin an Bord vor, sozusagen als Kollegin, da kann man ja mal 'ne Ausnahme machen! Dann schau ich, dass ich runter auf Deck sieben komme in unsere Kabine, wo mein jammerndes Bündel Rothaut schön brav auf weißen Handtüchern und voll der Erwartung des Ungewissen liegt.

Ich fülle die Schüssel mit Eis und kaltem Wasser und lege die Servietten hinein. Dann verteile ich mit der Hand vorsichtig Quark auf alles, was mir verbrannt erscheint und glüht. Brunos Haut ist heiß und empfindlich, aber er genießt meine Berührung und lässt die Behandlung vertrauensvoll über sich ergehen. Schließlich sieht er aus wie eine Mumie, denn ich wringe die eiskalten nassen Tücher aus und lege sie auf sein quarkverschmiertes Gesicht und seinen Körper. Das muss jetzt so lange wie möglich draufbleiben, erkläre ich ihm. In der Zwischenzeit packe ich unsere Koffer aus und verstaue alles in den Schränken.

»Ich bleibe vorläufig bei dir, und wenn du was brauchst, sag es mir«, beruhige ich ihn. Aus dem Radio trällert Hotelbarmusik.

»Ah, Bruno, um 18.30 Uhr ist Cocktailempfang für die Neuankömmlinge, da müssen wir hingehen, das erwarten sie sicherlich«, lese ich Bruno aus dem Tagesplan vor, der auf dem Nachttisch liegt, mit dem Spruch des Tages: KENNTNISSE KANN JEDERMANN HABEN, ABER DIE KUNST ZU DENKEN IST DAS SELTENSTE GESCHENK DER NATUR (König Friedrich der Zweite, genannt Alter Fritz). Tja, hätte der gute Bruno sich nur mal den Ausspruch des Alten Fritz vor dem Sonnenbaden zu Gemüte führen sollen, denke ich.

Nach einer ausgiebigen Dusche fühle ich mich bedeutend wohler, die Schränke für unsere Zeit an Bord sind hübsch eingeräumt, und auch ansonsten ist alles ordentlich verstaut. Ich mache mich für den Abend zurecht, in der Hoffnung, ihn nicht allein verbringen zu müssen. Da Bruno offenbar schon wieder in Tiefschlaf gefallen ist, stehle ich mich leise aus der Kabine zu meinem Empfangscocktail. Ich muss doch sehen, wer so alles an Bord ist und ob ich eventuell jemanden kenne.

Als ich auf den Gang hinaustrete, kommt mir eine hübsche, adrett in Uniform gekleidete Stewardess entgegen, begrüßt mich mit meinem Namen und stellt sich als Jeanette, unsere Kabinenstewardess, vor. Ob alles in Ordnung sei, ob wir etwas benötigten, ob etwas fehle? Ich erzähle ihr kurz von Brunos Badeausflug und dass sie sich nicht erschrecken soll, falls sie in unser Zimmer geht, denn da läge Tutanchamun reglos auf dem Bett, aber seine baldige Wiederauferstehung stehe kurz bevor, ich müsse nur noch in die Bordapotheke. Sie befürchtet, dass ich da heute kein Glück mehr haben würde, da Landgang bis 22 Uhr wäre und die Apotheke sowieso nur immer bis 20 Uhr geöffnet sei. Sie habe jedoch immer für gravierende Fälle eine Tube linderndes Gel in Reserve, und wenn es mir recht sei, lege sie mir diese nachher einfach in die Kabine. Ganz neu sei die

Tube nicht, aber es würde noch reichen, um das Corpus Delicti zu salben. Ich muss lachen, Jeanette ist mir äußerst sympathisch. Dann erklärt sie mir noch, wie ich zu dem Cocktailempfang in der Bar ZUR SCHÖNEN MEERJUNGFRAU komme. Na, dann kann ja nichts mehr schiefgehen.

Die Nixe sitzt lächelnd wie Mona Lisa und in Gips gegossen unübersehbar vor dem Eingang, hinter dem sich bereits die Neuankömmlinge mit Champagnergläsern in der Hand bei bester Laune befinden. Ganz so schön und zart wie die Nixe sind die Damen nicht gerade und auch eher älteren Semesters, stelle ich fest, jedoch mit Sicherheit trinkfester. Einige scheinen sich schon von früheren Kreuzfahrten her zu kennen, und auch die Herren befinden sich in reger Unterhaltung. Ich schnappe mir ein Glas und fühle mich fehl am Platze. Hoffentlich erkennt mich keiner, und ich muss mich nicht über Filme auslassen, deren Titel ich erraten darf und bei denen ich auch gar nicht mitgespielt habe, um mir dann am Ende anhören zu müssen, man habe das verwechselt, aber ich sähe in natura sooo viel dünner, jünger und schöner aus. Nach solchen Begegnungen überlege ich mir jedes Mal, ob ich den Kameramann im Nachhinein noch umbringen soll oder besser ein für alle Mal meinen Beruf an den Nagel hänge. Dann würde ich nur noch Bücher schreiben, hinten ein zauberhaftes 20 Jahre altes Foto reinkleben und mich nie mehr öffentlich blicken lassen. Wäre 'ne gute Alternative, wenn ich nur nicht so gerne Schauspielerin wäre.

Ich steh also etwas dumm herum und schütte den Champagnercocktail so schnell ich kann hinunter, um bald wieder zu verschwinden. Doch ich bin entdeckt worden. Eine Dame, ungefähr in meinem Alter – ja, nur in welchem, dem Film- oder dem wahren Alter? –, setzt ein erstauntes und gleichzeitig freudiges Gesicht auf, tritt zwei Schritte auf mich zu, reicht mir die Hand und sagt, sie und ihr Mann hätten sich ja so gefreut, dass die Reederei sie beide, als langjährige Gäste, an unseren Tisch gesetzt hätte, im Festsaal, wo man abends zum Dinner bittet, sie wären ganz glücklich darüber, zudem große Fans von uns, und so jung würde ich aussehen und so schlank, »einfach fabelhaft!«.

Das alles in unüberhörbarem Schweizer Dialekt. Ich murmle etwas von »Bruno suchen«, und man sähe sich ja gleich beim Abendessen, und schaue, dass ich weg-komme, freundlich lächelnd, versteht sich.

Eines ist mir klar, heute Abend gehe ich nicht alleine in den Festsaal zum Essen. Und wenn ich nur ein Wie-nerle mit Kartoffelsalat in der Bar esse. Ich nehme mir jetzt das Schiff vor, erkunde, wo man überall essen kann, wie viele Swimmingpools es gibt und wohin man sich verkrümeln kann, wenn man ungestört sein will. Einen Wellnessbereich soll es auch geben und eine Sauna mit angeschlossener Folterkammer, um überflüssige Pfunde runterzustrampeln, aber erst mal muss ich was essen, denn mein Magen knurrt beleidigt.

Während ich mich erneut durchs Schiff schraube – man kann sich hier wirklich verlaufen –, beschließe ich, zuerst noch mal nach Bruno zu sehen. Der Indianer ist wach und kennt sehr wohl den Schmerz. Diese Wickel tun ihm gut, sagt er, und ob ich die auch ein zweites Mal machen kann, denn er glaubt, dass die Hitze, die seiner Haut entströmt, sowohl Quark wie Tücher bereits getrocknet hat. Genauso ist es. Man könnte nahezu ein Hemd auf seiner Brust bügeln, mit der flachen Hand. So verteile ich den restlichen Quark auf den schlimmsten

52

roten Stellen, lege erneut die kühlen Tücher darauf und frage meine Mumie, was sie denn gern zu essen haben möchte. Ich kann deutlich die Rührung unter seiner Maske spüren und gehe förmlich auf in meiner Hilfsbereitschaft. Verspreche auch, nochmals Quark und Eis mitzubringen, und erzähle von der After-Sun-Salbe, die sicher bald geliefert würde. Großen Hunger hat er, und er überlässt die Auswahl mir, denn ich weiß ja, was er gerne mag. So mache ich mich auf den Weg. Bald entdecke ich das Selbstbedienungsrestaurant. Genau so etwas schwebt mir vor. Ein riesiges leckeres Buffet ist dort aufgebaut. Wusste ich es doch, verhungern werden wir hier nicht! Ich entscheide mich für einen riesigen gemischten Salat und einen Teller Pasta mit Gemüse und Gambas, dazu ein Glas Weißwein. Unerkannt und in aller Seelenruhe genieße ich meine erste richtige Mahlzeit heute. Hole mir zur Feier des Tages noch eine Nachspeise, Apfeltarte mit Vanilleeis. Nun muss ich nur noch ein Tablett auftreiben. Meine Augen fixieren die geschäftig herumwuselnden Kellner, und ich entscheide mich für einen älteren, cool aussehenden Mann. Seinem Dialekt nach kommt er aus einem osteuropäischen Land. Ich trage ihm meine Bitte vor, erneut um Quark und Eis heischend, nicht ohne auf die Tränendrüse zu drücken, wie schlecht es dem armen Mann in der Kabine geht. Sogleich bietet er mir an, alles, was ich benötige, sofort nach Beendigung des Buffets in die Kabine zu bringen, und nur weil ich ihm daraufhin vehement entgegne, dass dies doch sicherlich noch zwei Stunden dauern würde und mein Mann bis dahin verhungert, verdurstet und versonnenbrandet wäre, gibt er nach und deutet auf einen Stapel Tabletts am Eingang. Ich solle mir eins nehmen, Quark gebe es bei den Nachspeisen und Eis bei den Getränken.

»Danke schön«, sage ich, packe aufs Tablett einen Teller Pasta, einen Teller mit Fleisch und Gemüse und verschiedene Käse, Cracker und Weintrauben, ein Glas Weißwein und den unvermeidlichen Quark. Beladen wie eine Bedienung im Hofbräuzelt auf dem Oktoberfest trete ich den Rückweg an. Dabei stelle ich mir vor, wie sich Bruno im umgekehrten Fall verhalten würde. Er würde alles selbstverständlich delegieren, das Essen würde Stunden später kommen und wäre kalt so wie ich.

Jeanette hat Bruno inzwischen das Gel gebracht und sich offensichtlich auch noch nett mit ihm unterhalten, denn meine Mumie hat sich entblättert und ist besserer Laune, die sich angesichts des vollen Tabletts noch steigert. Alles scheine ich zu seiner Befriedigung beigetragen zu haben, und glücklich mampft er in sich hinein. Es geht ihm schon viel besser, stellt er fest, und um 22 Uhr will er unbedingt das Ablegen unseres Dampfers filmen, außerdem will er die Abfahrt unbedingt mit mir gemeinsam erleben. Der Geist ist willig … Und bald schläft mein lieber Mann tief und fest seinen Sonnenbrand weg.

Zwar voller Verständnis, aber dennoch ein wenig enttäuscht stehe ich um 22 Uhr allein an der Reling und verfolge mit einem Drink in der Hand das Einholen des Ankers und das Starten der Motoren, alles unter lautem Hupen der Schiffssirenen. Eine schöne Szene, wie aus einer vergangenen Zeit. Gottlob hat sich an diesem Ritual nichts geändert. Nach wie vor stehen winkende Menschen an Land und wünschen den Menschen an Bord eine gute Reise. Ich schließe kurz die Augen, wünsche uns auch eine gute Reise und denke an meinen Lebensgefährten. Wie gern hätte ich ihn jetzt geküsst.

Das fängt ja gut an!
Bruno

Als wir in Valparaiso ankommen, ist es fast zwölf Uhr mittags. Bekannt auch als die »Perle des Pazifiks« oder »Little San Francisco« – die Ähnlichkeit mit der nordamerikanischen Stadt drängt sich vom Aussehen wie vom Klima her auf –, hat Valparaiso einen etwas heruntergekommenen, jedoch durchaus romantischen Charme. Es geht hier ständig auf und ab, durch Straßen und Gässchen, über ganz steile Treppen, Passagen, Tunnel, Terrassen, zu denen man mit Aufzügen oder Standseilbahnen gelangt und die nicht mehr aus dem Stadtbild wegzudenken sind.

Die bunten dichtgedrängten Häuser müssen sich also zwischen Meer und Hügel quetschen. Auch hier verblüfft die Vielfalt der Stile, als hätte man stets in großer Eile gebaut. Doch es waren schließlich die Engländer, die nach der Befreiung von der spanischen Herrschaft in Valparaiso alle Gebäude in ihrem klassischen viktorianischen Stil errichtet haben.

Nach der letzten Spitzkehre liegt endlich der Hafen vor uns. Die Fahrt in Benvenutos funkelnagelneuem Mercedes ist glatt und ohne unvorhergesehene Zwischenfälle verlaufen, die uns den Zauber dieser Orte hätten verderben können. Wir haben die türkisblauen Strände von Vina del Mar gesehen, und in einen davon haben wir uns richtig verliebt. Heute gab es keine Probleme mit klemmenden Luftdüsen, kaputten Hupen oder Fensterkurbeln. Unser Chauffeur war noch fröhlicher als sonst,

stolz wies er uns immer wieder auf eine neue beein-
druckende Aussicht hin, allerdings konnte er sich dann
nicht mehr richtig auf die Straße konzentrieren, so dass
er jedes Schlagloch mitgenommen hat ... Als er uns dann
vom internationalen Schlagerfestival von Vina del Mar
erzählte, wo seine Frau und er vor zwei Jahren mit der
berühmten Coverversion von Domenico Modugnos *Nel
blu dipinto di blu* (besser bekannt als *Volare*) aufgetreten
sind, hat er sogar angefangen zu singen! Es hätte ziemlich
nervig werden können, ihm zwischen ständigem Bremsen und Beschleunigen in den Serpentinen zuzuhören.
Aber stattdessen war es nur witzig. Leider ist bei einem
von seinen raffinierten Lenkmanövern Juttas Rucksack
durch den ganzen Kofferraum gepurzelt und aufgegan-
gen, und fast alle ihre Aufzeichnungen über die Schamanen und Pachacutec, die sie extra für unsere Reise zu-
sammengetragen hat, sind durch die Gegend geflogen.

So weit die Fahrt.

»Also, das macht dann wie vereinbart 100 000 Pesos«,
sagt Benvenuto und stellt unser Gepäck ab.

»Ja gut ... Kann ich auch mit Euro bezahlen?«

»*No tengo ningún problema* ... Ich habe dafür extra einen Taschenrechner dabei. Also, das sind dann *cien mil
pesos dividido por seiscientos cuarenta* ... das macht 156 €, *señor*. Plus 14 Euro Maut, also sagen wir 180 zusammen!«

»Nein, warte mal ... 156? Der Wechselkurs steht doch
bei 6400.«

»*No, señor* bei 640.«

Ich spüre, wie meine Nase zu kribbeln anfängt. Jutta
hat natürlich sofort bemerkt, dass etwas nicht stimmt.

»180, *señor*!«

»WAAAAS! Von wegen 15 €, ich wusste ja, dass man
euch beiden nicht trauen darf!!«

»Das ist alles meine Schuld, Schatz … Ich habe da
was mit dem Wechselkurs durcheinandergebracht … Ich
habe mit einer Null zu viel gerechnet!«

Benvenuto verschwindet mal kurz, und den Streit
zwischen Jutta und mir, den erspare ich Ihnen lieber.
Als der Taxifahrer zurückkommt, zieht er seinen Quit-
tungsblock heraus, schreibt etwas und reicht mir dann
den Zettel.

»*Por favor, señor.*«

Jutta dreht sich wütend auf der Stelle um und rauscht
davon.

Ich krame in meinen Taschen, dabei fällt mein Blick
auf Benvenuto, und ich sehe, dass er vergessen hat, den
Reißverschluss seiner Hose hochzuziehen. Ich weiß ja
nicht, ob Sie so was kennen, aber in dem Moment finde
ich das so schreiend komisch, dass ich anfange, schallend
zu lachen, wie schon seit den Zeiten von Monty Python
nicht mehr.

»Okay, Benvenuto, hier ist dein Geld. Ach, und übrigens: Offen gestanden gefällt mir deine Hose nicht.«

Während ich immer noch von heftigen Lachanfällen
geschüttelt werde, geht Benvenuto beleidigt zu seinem
Taxi und fährt grußlos davon.

Wir checken also ein und beziehen unsere Kabine.
Die Stimmung zwischen uns ist alles andere als har-
monisch. Wenn Jutta wütend ist, weiß sie genau, wie
sie mich treffen kann. Während ich mich bemühe, so
schnell wie möglich alles vom Tisch zu bekommen,
ein Lächeln aufsetze und mich versöhnlich zeige – eine
zärtliche Geste, etwas, das sagt: ›Bleib bitte, alles vergeben und vergessen, ich liebe dich, mein Schatz‹ –,
läuft bei ihr gar nichts. Sie zieht einen Schmollmund
und geht einfach. Im Laufe der Jahre habe ich mir eine

Art Notfallrepertoire zurechtgelegt, was ich tun oder besser lassen sollte, wenn sie sauer ist. Zum Beispiel für Ablenkung sorgen. Ich koche dann oft einen Teller Spaghetti für sie (was hier ein wenig schwierig sein wird). Sobald sie wieder bereit ist, ganz normal mit mir zu reden, antworte ich ebenfalls gemäßigt. Es bringt nichts, nachtragend zu sein, so beginnt nur wieder ein fataler Kreislauf von gegenseitigen Vorwürfen, und bald kocht der Streit wieder hoch. Nein, da lade ich sie lieber als Zeichen der Versöhnung zum Abendessen ein. Und wenn sie weiterstreiten will, dann schicke ich sie eben zum Teufel. Irgendwann ist auch ihr Ärger verflogen, und sie kommt zurück.

So lasse ich eben La Sebastiana und Neruda aus, bis heute Abend werden sich die Wogen wieder geglättet haben. Ich gehe lieber an den Strand, denn aus dem Taxi sah der phantastisch aus. Vina del Mar im Norden von Valparaiso ist der Lieblingsplatz der Santiaguinos.

Lange Strände, die von riesigen Palmen und Bananenstauden gesäumt werden, was gibt es Besseres, um sich ein wenig zu entspannen und Sonne zu tanken? Es gibt viel zu sehen: Tangas, Bikinis, Culottes bei den Damen und bei den Männern … Na ja, auch hier im Südpazifik gibt es da kaum Unterschiede. Der sonnengebräunte Muskelprotz vor mir zupft sich gerade die Augenbrauen. Sein Freund neben ihm hat drei Piercings an der rechten Brustwarze, ist an Brust und Beinen enthaart und schmiert sich mit einer ganz besonderen Creme ein … Ach verflucht, ich habe ja ganz vergessen, mir einen Sonnenschutz mitzunehmen! Ich sollte also lieber vorsichtig sein und lege mich in den Schatten einer Bananenstaude, obwohl ich als Italiener auch an Sonne gewöhnt bin. Die Mädchen vor mir sehen aus, als wären sie geklont: obenrum ein Bikinitop, Jeans mit ganz tiefem Hüftansatz, so dass man den zwischen den Pobacken klemmenden Tangastring sehen kann, Highheels auch am Strand, so viel Make-up im Gesicht, als wollten sie gleich zu einem Kiss-Konzert, und dazu kauen sie ununterbrochen Kaugummi. Zu guter Letzt haben sie noch Kopfhörer auf den Ohren, so dass man sich sagt: »Gott sei Dank wurden die erfunden, dann muss man sie wenigstens nicht hören!«, aber Pustekuchen, sie plappern nur noch umso lauter. Ich lasse meinen Blick wieder zu den beiden Fitnessstudiotypen wandern, die jetzt gründlich eingecremt Richtung Meer streben, so angespannt und mit so eingezogenem Bauch, als hätten sie eine Katze in der Badehose. Jetzt werde ich richtig müde, die Erschöpfung der letzten Tage macht sich bemerkbar, und ich sinke in einen tiefen Schlaf. Leider so tief, dass ich nicht mitbekomme, wie der Schatten weiterwandert!

Als ich schließlich aufwache, geht es mir gar nicht gut, und ich registriere, dass Jutta bei mir ist und mich besorgt ansieht. Wir nehmen ein Taxi zum Schiff, wo Jutta mich unverzüglich auf die Krankenstation zu Dr. Schmitz bringt.

»Willkommen an Bord der MS Poseidon, Herr Maccallini. Auch im Namen des Kapitäns und der gesamten Crew wünsche ich Ihnen einen angenehmen Aufenthalt.«

Der Doktor sieht mich prüfend an.

»Ich fühle mich völlig zerschlagen ... Alles brennt so ... Ich habe Fieber ... Das ist doch hoffentlich nichts Ernstes, oder?«

»Überhaupt nicht. Nur eine ziemliche Rötung auf der gesamten rechten Körperseite aufgrund übermäßiger Sonnenbestrahlung. Leider sind Sie eingeschlafen und haben nichts gemerkt … Das passiert schon mal. Aber freuen Sie sich. Frau Speidel ist gerade noch rechtzeitig gekommen, um Sie vor einem schlimmeren Sonnenbrand zu bewahren. Sie sollten nur die nächsten vierundzwanzig Stunden nicht in die Sonne gehen, halten Sie sich möglichst in einem kühlen, klimatisierten Raum auf. Bevor Sie gehen, wird Ihnen die Krankenschwester die betreffenden Stellen noch einmal mit kaltem Wasser besprühen … Wir haben schon mit Ihrer Frau gesprochen, später wird sie das übernehmen und Ihnen Wickel machen … Wenn Sie das alles beachten, können Sie sich morgen schon wieder völlig normal bewegen, aber bitte – keine Sonne! Ach so, und dann werde ich mir Ihre Lesung bestimmt nicht entgehen lassen. Wissen Sie, ich habe Ihr Buch ›Wir haben gar kein Auto‹ gelesen, das war wirklich sehr witzig!«

Mit diesen Worten zwinkert er mir aufmunternd zu, wirft die Einmalhandschuhe in den Müll und verschwindet pfeifend.

Die hübsche Krankenschwester besprüht meine verbrannte Haut – welch eine Wohltat – und bringt mich danach in unsere De-luxe-Kabine auf Deck G.

Auf dem Tischchen beim Fenster entdecke ich einen Obstkorb – wer mag da wohl die Trauben schon gegessen haben? – und die übliche Flasche Champagner. Auf dem Boden stehen noch unausgepackt unsere Koffer. Draußen Reihen von aufgestapelten Containern, die noch eingeladen werden müssen. Ich sehe keine Rauchschwaden, aber ich höre die Sirene. Wir werden wohl bald ablegen … Es ist zu kalt im Raum, und meine ganze rechte Seite brennt höllisch. Bevor ich mich aufs Bett lege, versuche ich noch, die Klimaanlage auszuschalten. Auf dem Schreibtisch liegt eine Art iPad, mit dem man wohl telefonieren, Musik hören und die Klimaanlage regulieren kann. Hätte es nicht auch ein Schalter oder ein schlichter Thermostat an der Wand getan? Warum muss ich mich jetzt auch noch damit herumärgern? Mit den wenigen mir verbliebenen Kräften steige ich auf einen Stuhl und versuche, die Klimaanlage an der Decke zu verstellen. Ich habe das einmal in einem Hotel gesehen, das dürfte doch nicht allzu schwer sein. Ich nehme also die Plastikabdeckung ab, stecke eine Hand hinein und drehe an dem Regler. Doch statt die Klimaanlage runterzustellen, drehe ich sie voll auf, und es beginnt so heftig zu blasen, dass man meinen könnte, ein Wirbelsturm tobe durch den Raum. Auf jeden Fall werden Juttas Aufzeichnungen, die sie gerade wieder sorgfältig geordnet hatte, erneut durcheinandergewirbelt. Ich renne hin und her, um sie wieder aufzusammeln, aber kaum habe ich eine erwischt, fliegt eine andere schon wieder davon. Ich rufe an der Rezeption an:

»Hier ist Kabine 206, bitte schicken Sie sofort einen Techniker. Es ist dringend!«

Als ich auflege, fällt mein Blick auf ein Blatt Papier auf dem Boden. Und was muss ich dort lesen? WIND … Ich suche nach der dazugehörigen Seite.

Erst diese klemmende Lüftungsdüse in Benvenutos Taxi, jetzt die Klimaanlage an Bord, das muss ein Zeichen sein!

Schließlich habe ich die Seite mit der fettgedruckten Überschrift: »DER WIND WIRD KOMMEN UND DIE WOLKEN VERTREIBEN.« Jetzt klopft es an der Tür. Ich lege das Blatt wieder hin und öffne. Draußen steht der Klempner und hinter ihm Jutta mit einem Tablett in den Händen, sie lächelt und ist kein bisschen mehr sauer.

»Ach, du Ärmster, leg dich nur gleich wieder hin. Du musst dich ausruhen, und später bringe ich dir was Leckeres zu essen. Sobald der Herr hier mit der Klimaanlage fertig ist, mach ich dir damit Wickel.« Und mit diesen Worten deutet sie auf mehrere feuchte Handtücher und eine Schale Quark.

Der Klempner ist nach fünf Minuten fertig und geht.

»Beim Spa und im Restaurant waren sie wirklich total nett. Du wirst schon sehen, wie toll es da aussieht, mit allem Drum und Dran. So, und jetzt, mein Schatz, wickele ich dich damit ein – auch die Füße und Waden.«

»Aber dann komme ich mir vor wie eine Mumie?!«

»Eher wie ein Hummer. Zuerst muss ich allerdings noch das hier draufgeben, das habe ich vom Koch ...«

»Weißkäse?!!!«

»Aber jaaa, das kühlt besser als jede Creme! Großmutters Hausmittel sind doch die allerbesten ... Ich streiche dich jetzt schön damit ein, und morgen wirst du dich schon wieder besser fühlen.«

»Sag mir doch wenigstens noch, ob ...«

»Jetzt sei schon ruhig ... *Et voilà!* ... Na, das ist doch bestimmt schön kühl? Allerdings finde ich es jetzt hier ein bisschen zu warm. Am besten mach ich die Balkontür ein bisschen auf.«

»Neeein! Bitte nicht!!«

»Nur der Wind vertreibt die Wolken ... Ich geh jetzt essen. Gute Nacht, mein Schatz!«

3. TAG

Die Entdeckung der Poseidon
Jutta

WAHRE RUHE IST NICHT MANGEL AN BEWEGUNG. SIE IST GLEICHGEWICHT DER BEWEGUNG.

Bevor ich im Badeanzug, blütenweißen Badelatschen und fast noch weißerem Bademantel frühmorgens die Kabine verlasse, um mich in den hoffentlich mit frischem Meerwasser gefüllten Pool fallen zu lassen, stolpere ich über diesen Satz. Eine Aufforderung an alle Müßiggänger an Bord auf dem leise in der Nacht unter der Tür durchgeschobenen Tagesprogramm. Genau, mein lieber Herr von Feuchtersleben, wer immer du auch sein magst, genau das werde ich jetzt tun. Ich werde deinen Rat sogar freiwillig befolgen und im Schwimmbad meine innere Ruhe finden. Denn so ruhig war meine Nacht nicht. Gestöhnt hat die Mumie bei jeder Gewichtsverlagerung, und zweimal durfte ich neues Gel auftragen. Heute Morgen, als ich dann endgültig nicht mehr schlafen konnte und leise ins Bad verschwand, fiel der Signore dann in Tiefschlaf, und da lass ich ihn jetzt auch. Schnell greife ich noch nach meinem marokkanischen Kaftan und ziehe die Tür hinter mir ins Schloss.

Erstaunlich, die ersten Walker umrunden schon im Stechschritt den Parcours. Offensichtlich verläuft er einmal ums ganze Schiff herum, denn sie tauchen immer nach circa zehn Minuten wieder auf.

Das nehme ich mir für morgen früh vor, oder vielleicht schon heute Abend, warum nicht? Jetzt aber muss ich erst mal sehen, wo wir sind.

»Aaaah, da sind wir schon!«, ruft beglückt der Passagier und schaut auf das tiefblaue weite Meer rundherum.

Alberner Witz, tausendmal gehört, passt aber, denke ich mir. In der Tat ist außer Meer nichts zu sehen, und so entblättere ich mich erst mal bei einer Liege. An der Reling atme ich diese herrliche Meeresluft ein, dehne mich und strecke meinen Körper dem Himmel entgegen. Das wird ein guter Tag, da bin ich mir sicher. Der Pool ist mit türkisfarbenem Meerwasser gefüllt, nur hat jemand vergessen, die Absperrkordel bei der Leiter abzumachen. Egal, ich klettere einfach drüber und springe ins Wasser. Gedacht, getan, und brrrrr, ich bin im kalten Wasser! Mir macht kaltes Wasser nichts aus, im Gegenteil, ich kann es gar nicht leiden, in warmer Plörre zu schwimmen. Ich tauche unter, komme prustend wieder hoch, ziehe meine Bahnen, schaue auf und sehe lange weiße Hosen vor mir am Beckenrand.

»Gnädige Frau, haben Sie die Absperrung nicht gesehen?« Ein tadelnder Zeigefinger deutet auf die Kordel an der Leiter.

»Doch«, sage ich wahrheitsgetreu, »aber ich habe gedacht, die hat jemand vergessen abzumachen.«

»Nein, ganz und gar nicht«, meint die Hose, »nichts hier an Bord geschieht ohne Grund.«

In diesem Fall heißt das, dass das Meerwasser gerade aufgeheizt wird und der Kapitän den Pool noch nicht freigegeben hat. Höflich, aber sehr bestimmt werde ich dazu aufgefordert, unverzüglich den Pool zu verlassen. Jeglicher Protest sowie meine Beteuerung, dass ich kaltes Wasser liebe, allein schon wegen meiner Rückenschmerzen, helfen nichts. Die Hose bleibt sogar wie angewurzelt stehen und lässt mich so lange nicht aus den Augen, bis ich aus dem Becken geklettert bin. An Bord gebe es einen ganz phantastischen Masseur, der mir sicherlich Linderung verschaffen würde mit seinen magischen Händen. Dem, so rät er mir, solle ich mich anvertrauen. Erst als ich in der Dusche verschwinde, geht die Hose auch von dannen. Ich überlege kurz, ob ich sofort wieder ins Wasser springen soll und er mich mal kreuzweise kann, lass es aber dann doch. Wer weiß, vielleicht binden sie mich dann am Schornstein fest.

Mit hitzigem Gemüt, doch zumindest körperlich erfrischt, werfe ich mir meinen wunderschönen, bodenlangen, mit Perlen bestickten türkisfarbenen Kaftan über, deponiere Badeanzug und -mantel sowie mein Handtuch auf einem Deckchair in der Sonne und mache mich auf die Suche nach dem Frühstücksraum.

Ich muss nicht lange suchen, denn er ist gleich gegenüber, sozusagen backbord. Gedeckte Tischchen laden zum Hinsetzen ein. Ein reichhaltiges Frühstücksbuffet lässt keine Wünsche offen. Neugierig mustere ich die anderen Passagiere und staune, was sie sich so alles auf ihre Teller häufen. Ich gehöre ja eher zur Gattung der Müsliesser, bin mit frischem gemischtem Obst, Naturjoghurt und ein paar Körnern, Tee und einem Glas Saft restlos glücklich. Hier aber duftet es so verführerisch nach Eiern mit Speck, Muffins und wer weiß noch was, selbst Champagner steht in einem Eimer mit Eis. Ach herrje, ich sollte mal nach Bruno sehen, durchzuckt es mich.

»Verzeihen Sie, gnädige Frau, ich muss Sie bitten, den Frühstücksraum zu verlassen, hier wird es nicht gerne gesehen, wenn Gäste im Nachthemd beim Frühstück auftauchen«, flüstert mir eine andere weiße Hose mit Teiggesicht zu.

Mir verschlägt es für Sekunden die Sprache. NACHT-HEMD, hat der Trottel gesagt! NACHTHEMD – zu meinem sauteuren wunderbaren Kaftan, der Banause! Jetzt reicht's, und der Nichtsnutz kriegt meine geballte Empörung ab; gleichzeitig kläre ich ihn darüber auf, worum es sich bei meinem Kleidungsstück handelt! Dann schnappe ich mir mein Frühstück und verlasse mit hochrotem Kopf den Speisesaal, setze mich draußen an ein weißes Tischchen mit Schirm und warte nur darauf, dass mich ein weiterer schlecht deitsch rrrädender Steward auffordert, vielleicht besser über Bord zu springen. Ich glaube, meine Ausstrahlung ist so abschreckend, dass ich tatsächlich in Ruhe gelassen werde und frühstücken kann. Bruno etwas in die Kabine zu bringen, traue ich mich allerdings nicht. Um sein Frühstück muss er sich selber kümmern, und wenn sie ihn wegen Sonnenbrand in den Bordknast werfen, falls es einen gibt.

Jeanette, unsere Zauberkabinenmaus, ist gerade dabei, unser Bett frisch zu beziehen, als ich in unserem Zimmer auftauche. Ich entschuldige mich für die Sauerei, die wir mit all dem Quark und dem Gel veranstaltet haben, aber Jeanette versichert mir, dass die Filipinos und deren Waschmaschinen schon viel Schlimmeres gesehen hätten. Hauptsache, dem Signore gehe es wieder besser. Sie hätte ihn zumindest vor kurzem fröhlich in ein Gespräch mit zwei Herren verwickelt gesehen. Na, dann ist er ja auf einem guten Weg, denke ich und schnappe mir ein Buch und meine Sonnenbrille. Zusammen mit meinem neuen Bikini und Sonnencreme stopfe ich alles in mein Strandkörbchen. Jetzt mach ich's mir gemüt-

lich, Bruno wird mich schon irgendwann finden, wenn
er will.

Sanft schaukelt unser Schiff über die mit weißen
Schaumkrönchen geschmückten Wellen, während die
mächtigen Motoren durch die Wassermassen stampfen,
um uns zum nächsten Ziel zu bringen. Wie unendlich
mir dieser Ozean erscheint, und wie winzig ist unser
von Stahl umschlossener Mikrokosmos, in dem sich
alle so wichtig nehmen mit ihren großen und kleinen
Bedürfnissen. Die Farbe des Badetuchs kann, wie ich
eben bemerke, bei einem Paar eine Krise auslösen. Liegen werden hin und her gerückt, Badetücher getauscht,
Rücklehnen verstellt, dann scheint eine Lösung zu beider
Zufriedenheit gefunden worden zu sein, und es kehrt
Friede ein. Mindestens 20 Kilo zu viel, denke ich mir
in Anbetracht des Bauchumfangs. Na, da seid ihr hier ja
richtig an Bord. Essen, faul im Stuhl liegen, dann wieder
essen, und so geht es munter weiter bis zum Umfallen.

Ich lenke meinen Blick wieder hinaus aufs Meer
und halte inne. Irgendwann lass ich den Blick wieder
schweifen. Das mache ich immer so am Meer. Schon
oft habe ich dann etwas so Exotisches wie Fliegende Fische entdeckt oder mit etwas Glück auch Fische, die sich
zum Luftschnappen kurz aus dem Wasser erheben. Jetzt
hoffe ich auf Delphine oder Wale, aber noch scheint der
Delphinkindergarten geschlossen zu sein. Ich muss mich
später noch einmal darauf konzentrieren, wenn Lunch-
time für die Säugetiere angesagt ist. Danach soll man
ja Gymnastik machen, wie auch Herr von Feuchtersleben rät, und selbst Wale folgen dieser Empfehlung und
springen weit aus dem Wasser, drehen sich spiralförmig
in der Luft, um mit lautem Geplatsche wieder abzutau-
chen in die dunklen Fluten.

Ich begebe mich zurück zu meinem Deckchair, um in meinem Buch über Pachacútec, den jungen gutaussehenden Priester und Schamanen der peruanischen Urreligion, in der Mutter Erde und Vater Sonne als Götter verehrt werden, zu lesen. Ich habe in Deutschland einen Film über ihn gesehen und herausgefunden, dass er sich häufig am Ammersee aufhält und eine Beziehung zu einer blonden Deutschen hat. Wenn er dort ist, kann man zu Treffen gehen, deren Orte erst kurz vorher bekanntgegeben werden und die immer bei Sonnenaufgang stattfinden. Bislang war es mir leider zeitlich nicht möglich, ihn persönlich bei einem solchen Treffen zu erleben. Bei diesen Zusammenkünften verbeugt man sich in Dankbarkeit vor den Planeten, bringt Opfer und Gaben dar und entschuldigt sich für die Zerstörung dieser Welt durch den Menschen; gleichzeitig bittet man um Hilfe, den Wandel der Zeit in den Köpfen der Menschheit zu manifestieren. Allein dass diese simplen Rituale niemanden verletzen und Hoffnung wecken, ist die Beschäftigung mit dieser Philosophie wert. Gerne möchte ich mich der Spiritualität eines solchen Priesters hingeben und etwas für mein Leben daraus ziehen. Vielleicht kann ich dann auch positive Energie verbreiten und so die Zeit bewusst verwandeln. Schon jetzt freue ich mich auf die letzten Tage unserer Reise, die wir auf den Spuren des alten Pachacútec in den Anden verbringen wollen.

Sehr viel Irdischeres holt mich jetzt aus meinen Gedanken. Der Kapitän spricht zu seinem Volk. Man habe sich in 30 Minuten zur Seenotrettungsübung auf den jeweiligen Decks mit Schwimmweste einzufinden. In jeder Kabine stünde an der Innenseite der Tür, auf welchem Deck und vor welchem Rettungsboot der

Kabinengast erscheinen soll. Ausgenommen von dieser Übung seien ausschließlich nachweislich Kranke auf der Krankenstation und Bettlägrige. Beides dürfte auf Bruno heute nicht mehr zutreffen, denke ich mir. Außerdem war ja gerade diese Übung ein großes Thema zwischen uns auf dem Flug. So gehe ich zurück in die Kabine, um die Vorbereitungen zu treffen. Keine Spur von Bruno, also hoffe ich, dass er die Durchsage gehört hat und gleich hier erscheint. Ich krabble unter das Bett, um die Schwimmwesten aus dem Bettkasten zu angeln. Dann ziehe ich mir umständlich eine über, finde sie reichlich unbequem und versuche die Gurte, nach denen ich erst mal suchen muss, in der richtigen Reihenfolge festzuschnallen. Mein Gott, wenn's um Sekunden ginge, wäre ich jetzt bereits ertrunken. Schlagartig wird mir bewusst, wie wichtig so eine Übung ist und wie nachlässig sie von uns Passagieren gehandhabt wird – das könnte sich im Notfall als fataler Fehler erweisen. Ab heute, nehme ich mir vor, bin ich ein braver Passagier und folge den Anweisungen des Personals. Na ja, wenigstens bei wichtigen Dingen!

Auf dem Gang wimmelt es von Menschen, die »ihr« Rettungsboot suchen. Ich weiß auch nicht genau, wo ich hinmuss. Wo bleibt denn Bruno? Er muss doch seine Schwimmweste holen! Irritiert stehe ich vor unserer Kabine, während die Minuten verstreichen. Irgendwann beschließe ich, mich allein auf den Weg zu machen.

Wie kann's anders sein, erst einmal bin ich auf dem falschen Deck und wundere mich, dass unsere Namen nicht aufgerufen werden. Auf meine Nachfrage erklärt mir der Steward, dass ich mich im Stockwerk geirrt habe. Mein Gott, wie peinlich, alle glotzen mich an, erkennen mich, ich möchte im Boden versinken. »Ja klar, wie dumm von mir«, sage ich zu ihm, bedanke mich und bin weg. Kaum tauche ich am richtigen Ort auf, ernte ich einen empörten Blick von Bruno, der mit steifer Schwimmweste in der Menge steht und meint, wir hätten doch ausgemacht, dass wir gerade bei dieser Übung genau aufpassen würden. Nur deshalb hätte er sich letztlich doch auf dieses Schiff getraut. Ich setze ein gequältes Lächeln auf und ernte dafür einen liebevollen Kuss von ihm. Ach, ich Dummerchen, wie konnte ich das nur vergessen!

Nachdem wir nun gehört haben, dass Kinder, Alte und Frauen zuerst an Bord der Rettungsboote gehen sollen, dass man die Pfeife pfeifbereit in der Hand halten sollte, falls man durch die Urgewalt des Meeres von Bord gespült wird, und unbedingt den Anweisungen des Kapitäns Folge leisten soll, da er selbstverständlich als Letzter das sinkende Schiff verlassen wird, anders als auf der Costa Concordia, dürfen wir mit unseren Schwimmwesten wieder zurück in die Kabine. Mit einem fröhlichen Seenotrettungsübungsbeendigungspfiff und den besten Wünschen für einen grandiosen Tag an Bord der MS Poseidon werden wir entlassen.

Was gibt es Besseres, als nach einem kleinen Snack und einem Glas kühlem Weißwein, schließlich sind Ferien, im schattigen Liegestuhl in süße Träume zu segeln. Plötzlich erwache ich durch eine Ansage aus dem Lautsprecher, die Brücke meldet backbord einen Schwarm Delphine. Ich schnelle hoch, o Gott, ist mir schwindlig, wer bin ich, wo bin ich, und wo verdammt noch mal ist backbord? Aber das Schaf rennt der Herde hinterher, und so sehe ich doch tatsächlich, wenn auch verspätet und mit Dutzend anderen, die natürlich kreuzfahrterprobt immer und überall die Kamera griffbereit haben, einen Schwarm lustig springender Delphine. Herrlich! Ich wünsche ihnen leise ein langes schleppnetzfreies Leben und immer genügend Futter und falle zurück auf meine Liege, um sogleich wieder einzuschlafen.

Heute ist Galadinner! Natürlich bin ich dafür gerüstet und habe das Cocktailkleid eingepackt. Es ist aus himmelblautürkisem Taft und elegant schmal geschnitten, dazu trage ich Aquamarinschmuck und Hängeohrringe, zierliche Riemchensandaletten mit Absatz und eine passende Clutch. In Gedanken ziehe ich mich bereits an, während ich mir in der Folterkammer auf dem Laufband noch die Taille dazu antrainiere. Bruno schwitzt strampelnd auf einem Fahrrad neben mir, zum Glück geht es ihm wieder gut, und ich bin richtig stolz auf uns. Er erzählt von interessanten Gesprächen mit einem Professor Schäufele und einem Freund von ihm, von dem er vermutet, dass es sich um seinen Lebensgefährten handelt, aber das müsse er noch genauer herausfinden. Ein sehr vornehmer Herr sei der Professor, und ich müsse ihn unbedingt kennenlernen.

»Nun gut«, erwidere ich, »dazu habe ich ja noch ein paar Tage Zeit.«

Während wir uns in der Kabine schönmachen, lese ich Bruno die verschiedenen Lokale vor, in denen wir heute das Galadinner einnehmen können. Da ist zum einen natürlich der große Speisesaal, wo das etwas lästige Ehepaar, das ich gestern kurz gesehen habe, in freudiger Erwartung unsere Gesellschaft sucht, zum anderen, und das sicher weniger steif und exklusiv, das Galabuffet auf Deck sieben, die obligatorischen Wienerle mit Kartoffelsalat, heute galamäßig aufgepeppt, in der Bar ZUR KLEINEN MEERJUNGFRAU, oder das äußerst elegante Restaurant OZEAN 11, in dem sich heute Abend auch der Kapitän mit erlauchten Gästen die Ehre gibt; des Weiteren das Candlelight-Galadinner für Verliebte mit klassischer Musik, gespielt von der Harfenistin Ludmilla Jurgalewitsch, aber gegen diese Variante lege ich sofort Einspruch ein, denn so viel Kitsch ertrage ich heute Abend nicht, schon gar nicht, nachdem aus unserem Kuss an der Reling beim Ablegen des Schiffes nichts geworden ist. Bruno will sowieso ausschließlich in den großen Speisesaal. Er möchte in angenehmer und gepflegter Atmosphäre speisen und guten Wein dazu trinken. So richtig bedient zu werden, mit allem Pipapo, das wäre er sich nach diesem Sonnenbranderlebnis von gestern einfach schuldig. Er bedankt sich sogar ausdrücklich bei mir, weil ich ihn so gut versorgt habe, vielleicht könnte ich ja heute Abend noch mal ein bisschen Quark klauen? Ich schmeiße einen Badelatschen nach ihm, und er verschwindet lachend in der Dusche.

Komisch, dass Männer immer länger brauchen, um sich schönzumachen, als Frauen. Grundsätzlich warte ich auf Bruno, wobei ich aufpassen muss, dass ich mir keine Knitterfalten ins Kleid sitze. Bei unseren Vorbereitungen fällt mir ein, dass Bruno ja ohne Krawatte reist, tja, dann halt doch Wienerle in der Bar, denn ohne Krawatte kein Galadinner, so steht's geschrieben.

Da Bruno bis auf den fehlenden Binder absolut elegant aussieht, versprechen wir uns eine gewisse Toleranz am Eingang zum Speisesaal. Doch weit gefehlt! Ein etwas zu kurz geratener, jedoch mit diversen Schulterklappen versehener Chef du restaurant kommt auf uns zugeschossen, kaum dass wir die Schwelle überschritten haben. Von weitem dringt der pomadige Geruch seiner gegelten Haare in meine Nase. Das Lächeln in seinem

Gesicht ist falsch und wie in Stein gemeißelt, millio-
nenfach eingesetzt und sicherlich beim Handaufhalten
erfolgreich. Von der ersten Sekunde an ist mir dieser
Typ unsympathisch. Dazu noch die schleimige Sprache.
Seine Bewegungen sind zackig, hier gibt's kein Pardon,
die Vorgaben, denen er sich sicherlich erfreut unterge-
ordnet hat, gelten auch für alle ihm Untergebenen. So
auch für uns, die lästige, jedoch mit Dukaten klingelnde
Klientel. Seiner Karriere steht nichts im Wege, keiner
wird je erfahren, wie die Erde aussah, von der aus er die
erste Stufe erklommen hat. So etwas verdient Respekt,
und den haben wir ihm zu zollen, wir krawattenlosen
Kreaturen. Immerhin geleitet er mich mit schleichen-
den eleganten Bewegungen an den Tisch, wo, wie ich
bereits befürchtet habe, das sich sofort erhebende Pärchen sitzt. Wenigstens sitze ich am Fenster. Bruno steht
noch etwas bedröppelt und unschlüssig am Eingang.
Kurz befürchte ich, dass er mich auch an diesem Abend
allein lassen wird. Mit einer Handbewegung bedeutet er
mir jedoch, dass er eine Lösung im Auge hat, er käme
gleich zurück. Bei aller unverhohlener Freude und Aufregung, uns beide am Tisch sitzen zu haben, begegnen
mir Herr und Frau Steinberger fast schüchtern. Sie sind
Schweizer, kommen aus dem kleinen Städtchen Aarau,
sind seit Ewigkeiten verheiratet und zu beider Bedauern
kinderlos geblieben. Dafür hätten sie aber jede Menge
Haustiere, die alle in ihrer Abwesenheit versorgt werden
müssten, aber da hätten sie ein nettes Pärchen, das dann
mit Sack und Pack bei ihnen zu Hause einzieht. Eine
Flut von Informationen überrollt mich. So viel will ich
eigentlich gar nicht erfahren, mein Bedürfnis an Kon-
versation wäre eigentlich mit einer netten Begrüßung
und einer späteren Verabschiedung vollends befriedigt,

aber wie ich schon befürchtet habe, entkommen wir
den beiden nicht.

Eine hübsche Dame in Livree reicht mir die Wein-
karte. Sie sei die für uns zuständige Sommelière, und
sie könne uns die offenen chilenischen Weine auf der
Karte nur empfehlen. Ich könne natürlich auch eine
Flasche bestellen, die sie für morgen Abend aufheben
würde, wenn wir sie nicht ganz schaffen. Ob ich für
meine Entscheidung noch auf meine Begleitung warten
möchte, oder ob sie mir schon mal ein kleines Pröb-
chen einschenken dürfe. Sie darf gerne; ich kann jetzt
ein Schlückchen gut gebrauchen, und im Gegensatz
zu Bruno trinke ich Weißwein. Er hingegen trinkt im
Winter nur Rotwein und wir haben schließlich Januar,
auch wenn hier Sommer ist.

Wenig später halte ich die Menükarte in den Händen
und darf mich wenigstens mit den Augen satt essen.
Hoffentlich hat Bruno sein Krawattenproblem bald ge-
löst, denn ich habe Hunger und keine Lust, mich den
ganzen Abend alleine mit den Schweizern zu vergnügen. Als ich ihn jedoch nach wie vor nirgends sehe, gehe
ich ans Salatbuffet und stille meinen ersten Hunger.
Munter plappert Frau Steinberger, die mir wenig später
das Du anbietet. Karin heiße sie und Helmut ihr Gatte,
und in der Schweiz sei man nicht so förmlich, da ver-
mische sich das Sie schnell mit dem Du, und wir wären
ja nun auch einige Tage beieinander, also wenn's mir
nichts ausmache, sie sei die Karin. Prost, auf eine schöne
gemeinsame Reise. Ja, was kann ich da schon dagegen
haben? Helmut, der Gute, sagt ja nicht gerade viel,
eventuell ist ihm das Ganze ein bisschen peinlich, aber
bei aller Aufdringlichkeit, so unsympathisch ist mir die
Frau dann doch nicht. Mit ihrer einfachen und freund-

lichen Ausstrahlung, dem nicht allzu hübschen Gesicht und der rundlichen Figur hat sie durchaus Charme, das muss man ihr lassen. Sie freut sich ihres Lebens und genießt ganz offensichtlich die 14-tägige Schiffsreise, die, alljährlich gebucht – immer in derselben Kabine –, für sie das Highlight des Jahres ist. Sie sind beide schon weit in dieser Welt herumgeschippert. Finanziell könnten sie sich so eine Jahresreise gut leisten. Sie arbeite im Büro ihres Mannes, der in der Weiterverwertung von Aluminium und Eisen tätig sei.

»Jo, jo, solange es Autos gibt, so lange wird's uns au gäbe«, meint Helmut stolz.

Aha, also Schrotthändler sind die beiden, nicht schlecht, das ist krisensicher, denke ich mir.

Erneut blicke ich suchend zum Eingang. Warum nur muss ich jetzt diesen Abend alleine bestreiten? Wie zwei Kampfhähne, beide heftig ihr Revier verteidigend, sehe ich nun den zackigen Mini-Putin mit Bruno debattieren. Heftig gestikulierend scheint Bruno etwas um seinen Hals herum zu verteidigen, was ich auf die Entfernung nicht genau erkennen kann. Wie eine richtige Krawatte kommt es mir jedoch nicht vor. Schließlich gesellt sich zu den beiden ein anderer Offizier, der, da noch mehr Schulterklappen, offenbar im Rang höher steht. Jedenfalls hat dieser auf Mini-Putin einen beruhigenden Einfluss und führt den triumphierend grinsenden Bruno an unseren Tisch. Ich traue meinen Augen nicht: Um seinen Hals hängt eine Art Kordel, die, als Knoten gebunden, den Hemdkragen zusammenhält. An Eleganz kaum mehr zu übertreffen! Kein Wunder, dass diese provokante Verarsche ein stolzes Russenherz erzürnt.

Ich bin stolz auf Bruno, der lässt sich nicht von einem

sinnlosen Diktat unterkriegen! Auch Helmut, der ehrlich gesagt auch keine so astreine Galadinnerkrawatte trägt, muss schmunzeln, und mit einem Mal bricht ein herzliches Gelächter an unserem Tisch aus, der Bann ist gebrochen. Unser erstes gemeinsames Abendessen an Bord verläuft über alle Maßen lustig. Wir erzählen uns Geschichten, ziehen Parallelen zwischen Italien, der Schweiz und Deutschland. Quatschen über Politik, Korruption, Fußball, alles halb ernst, und ich hab mächtig damit zu tun, das Schweizerische ins Deutsche, Italienische oder Englische zu übersetzen. Die beiden Männer verstehen sich jedoch auch ohne große Worte gut, so jedenfalls kommt es mir vor. Heute Abend sei noch anschließend Tanz mit Livemusik in der Bar ZUR KLEINEN MEERJUNGFRAU, da müssten wir jetzt alle unbedingt hingehen, meint Karin beim Dessert, sie tanze für ihr Leben gern und hätte sich heute schon mal fit gemacht. Fast jeden Tag wird an Bord ein Tanzkurs mit zwei Profitänzern angeboten. Heute Nachmittag habe man Rumba und Cha-Cha-Cha geübt, da sei sie jetzt unschlagbar, sagt sie lachend.

Karins Fröhlichkeit ist ansteckend, und so stehen wir schon kurz darauf an der Bar bei einem Longdrink. Die ersten Paare tanzen, auch einige ältere alleinstehende Damen drehen sich mutig auf dem kleinen Podest. Bruno ist zu faul und auch zu genant, also geselle ich mich zu den Damen und schwinge die Hüften, während sich Karin einen dicklichen, aber tanzlustigen Herrn schnappt. Helmut ist wohl eher so wie Bruno geartet. Die Bar füllt sich mehr und mehr mit Menschen, und jeder gibt sich dem Rhythmus hin.

Ich sehe auf meine Uhr, es ist bereits nach elf, und ich bin eigentlich bettreif. Ich gebe Bruno ein Zeichen, dass ich nun verschwinden möchte. Unter mehrmaligem Schulterklopfen und den Beteuerungen, einen netten gemeinsamen Abend verbracht zu haben, verabschieden wir uns von den beiden und schlendern in Richtung Kabine, nicht ohne noch einmal kurz an Deck einen Blick in den Sternenhimmel zu werfen.

Unterwegs auf der Poseidon
Bruno

Die Nacht ist ruhig verlaufen. Na ja, ziemlich. Ich erinnere mich nicht einmal daran, die Sirene gehört zu haben, als der Anker gelichtet wurde. Ich muss ziemlich geschnarcht haben. Wenn ich schnarche, werde ich normalerweise aus dem Bett geworfen und auf das unbequeme Sofa verbannt. Aber nicht heute Nacht. Ich liege quer, mit dem Kopf in der einen und den Füßen in der anderen Ecke. Meine Lieblingsstellung, wenn ich das Bett für mich allein habe. Jutta meint, das läge daran, weil ich in der Schule schlecht in Geometrie war und deshalb immer wieder versuche, bei jedem Viereck die Diagonale auszumessen. Sie verzieht sich dann für gewöhnlich auf den Fußboden. Als ich mich auf ihrer Seite über die Bettkante beuge, entdecke ich dort prompt ihr zerknautschtes Kopfkissen und darauf einen Zettel: »Bestell dir ruhig etwas zum Frühstück. Ich bin schwimmen.«

Es ist unglaublich entspannend, das Meer zu betrachten, während man gemütlich im Bett liegt. Vielleicht auch etwas hypnotisierend. Ich schalte lieber den Fernseher ein, vielleicht lenkt mich das ein wenig ab. Auf einem Kanal läuft ein Dokumentarfilm über die Galapagosinseln, auf dem nächsten erklärt jemand, wie man ein Huhn schlachtet und daraus eine schmackhafte Suppe kocht (aber das ist um diese Tageszeit nicht wirklich packend). So zappe ich noch ein wenig hin und her, bis ich bei einem alten Film lande. Ich liebe Schwarzweiß-filme, sie sind meine große Leidenschaft. Und den hier kenne ich sogar. Natürlich! Ausgerechnet *Moby Dick* mit Gregory Peck! Melvilles Roman ist ja schon ziemlich schaurig, von der Verfilmung mal ganz zu schweigen. Nichts auf der Welt könnte mich dazu bewegen, auf so ein Schiff zu gehen und einen riesigen weißen Wal zu jagen. Allein vom Zusehen bekomme ich schon eine Gänsehaut. Wie verzweifelt müssen Kapitän Ahab und seine Besatzung gewesen sein, dort draußen mitten im Sturm, ein Spielball der Elemente … Ach, jetzt kommt gleich die Schlüsselszene: Ahab will sich gerade für sein verlorenes Bein rächen, das ihm dieser Riesenwal abgerissen hat … Er ist nur einen Schritt von ihm entfernt … wirft die Harpune … zack! … trifft, aber rutscht dann aus und stirbt, weil er sich im Seil verfängt und unter Wasser gezogen wird. Kapitän Ahab oder die Metapher vom Unmöglichen. Aber zumindest hat er es versucht. Wenn ich da an diesen Verbrecher denke, der die Concordia gegen das Riff gesteuert hat! So einen hätte Kapitän Ahab niemals angeheuert! Und falls doch, hätte er ihn, sobald er bemerkt hätte, dass er als Seemann nichts taugt, eigenhändig und ohne viel Federlesen über Bord geworfen! Er hätte ihn niemals für würdig befunden, ihn auf der Jagd nach Moby Dick zu begleiten.

Als der Film aus ist, bin ich tief erschüttert und vollkommen erledigt. Ich würde am liebsten wieder einschlafen, aber die Bilder von dem ertrunkenen Ahab, wie er im Wasser treibt, tanzen vor meinen Augen. Dafür brennt meine rechte Seite deutlich weniger, vielleicht sollte ich einfach aufstehen, es ist schon zehn, und mein Fieber ist wohl weg. Vielleicht bekomme ich ja im

Restaurant noch Frühstück. Ich werfe mir den Bademantel über und verlasse die Kabine.

An Bord gibt es wirklich viel zu bestaunen: Kasinos, Läden, Schönheitssalons, Spielhöllen, einen Golfplatz, ein Schwimmbad, eine Tennisanlage, Diskotheken, Theater, ein Kino, Restaurants, Bars – und alles zur Unterhaltung von reichen Kreuzfahrtpassagieren, die es sich leisten können, bis zu 2000 € pro Tag für eine Kabine auszugeben. (Ich möchte gar nicht wissen, was eine Suite hier kostet!)

Von einem Flachbildschirm lächelt mich ein blonder weiblicher Unteroffizier verführerisch an und bezaubert mich mit einer ausführlichen Beschreibung des Schiffes. »Die Poseidon *verfügt über 150 Kabinen bei über 60 000 Tonnen, 200 Meter Länge und 30 Meter Breite und bietet Platz für über 250 Passagiere. Luxus und Exklusivität bilden die Grundlage unserer Unternehmensphilosophie. Die Innenausstattung der Räume stammt von den besten Innenarchitekten der Welt, alle Kabinen verfügen über Flachbildfernseher und private Balkons. In den Suiten stehen darüber hinaus ein Jacuzzi, ein PC, ein großzügiger Wohn- und Essbereich und ein Kingsize-Bett zur Verfügung. Das Schiff verfügt über diverse Restaurants, einen geheizten Außenpool und drei Whirlpools. Lassen Sie sich in unserem Thermalbereich und unserem Beauty- und Wellnesscenter verwöhnen. Wer den Kontakt zum Festland nicht verlieren möchte, kann den rund um die Uhr geöffneten Computerraum aufsuchen, außerdem ist auf dem gesamten Schiff das WLAN verfügbar. Genießen Sie unsere besonderen Angebote wie die erste Kochschule auf hoher See im Bon Appétit Culinary Center, oder nehmen Sie doch Kunstunterricht im neuen Art-Loft, das entsprechend ausgestattet wurde. Lassen Sie sich verwöhnen. Willkommen auf der Poseidon.«*

Mein letzter Aufenthalt auf einem Schiff war auf einer Fähre nach Sardinien, wo lauter ziemlich heruntergekommen wirkende Rucksacktouristen sämtliche Liegen und Sessel besetzt hatten. Sie hatten sich in ihre Decken gewickelt und Hüte und Schals über die Augen gezogen, wie um zu sagen: »Bitte nicht stören« oder vielmehr »Machen Sie das Licht aus, wir müssen schlafen«, dabei nahmen sie null Rücksicht auf Passagiere wie mich, die in der Bar einfach nur etwas trinken und sich dabei an einen Tisch setzen wollten.

Das hier ist schon eine ganz andere Welt – Luxus ohne Ende … Leere elegante Salons, attraktive, braungebrannte Passagiere an Deck. Männer in gesetztem Alter, die joggen und seilspringen (davon sehe ich tatsächlich mehrere, auch wenn sie sich nicht mehr bücken können, um sich die Schnürsenkel zuzubinden), und ältere Damen, die in ihre Yoga-Übungen versunken sind. Selbstverständlich ist es auf der Poseidon verboten, nur in Badeanzug und Flip-Flops herumzuspazieren: Die Kleiderordnung schreibt mindestens einen Pareo für die Damen und T-Shirt und Shorts für die Herren vor. Ich habe ja meinen Bademantel, also sollte alles geritzt sein. Aber keine Chance! Man lässt mich nicht ins Restaurant, also muss ich an der Bar frühstücken.

Ich schiebe mir den letzten Bissen Marmeladenbrötchen in den Mund, gehe zurück in unsere Kabine, um mich anzuziehen, und setze dann meine Erkundungstour fort. Das Meer ist leicht bewegt. Wir lassen uns gern etwas von den Wellen wiegen. Aber merkwürdig, ich bin nicht das kleinste bisschen seekrank. Etwas weiter weg entdecke ich unter den Joggern einen schon älteren

Mann, der sich an der Reling festklammert und gegen den Brechreiz kämpft. Na ja, in seinem Alter sollte man es auch nicht übertreiben!

Es ist elf Uhr, die kräftige Stimme des Kapitäns wünscht uns einen guten Morgen und weist uns darauf hin, dass wir dank des leichten Seegangs etwa eine Meile vor uns einen weißen Gischtstreifen sehen können, wo die Wellen sich scheinbar im Nichts brechen, was aber tatsächlich auf ein Riff unter der Wasseroberfläche hindeutet. Außerdem kündigt er uns an, dass wir in weniger als zehn Minuten das seltene Schauspiel von springenden Delphinen erleben können.

»Sehr geehrte Kreuzfahrtgäste, nehmen Sie Ihre Kameras oder Ferngläser zur Hand. Das dürfen Sie sich nicht entgehen lassen.«

Da laufe ich doch gleich los und hole meine Spiegelreflexkamera.

Im Gang treffe ich auf die für unser Stockwerk zuständige Hausdame. Sie kommt aus Mexiko, ist freundlich, einfühlsam und effizient und spricht neben Spanisch noch drei Sprachen. Sie fragt mich, ob ich noch irgendwelche Wünsche hätte, etwa ein härteres Kissen oder ein paar Bügel für den Schrank.

»Nein danke«, antworte ich und nehme aus dem Augenwinkel im Zimmer hinter ihr noch eine mit Schürze und Staubsauger bewehrte junge Frau wahr, die leise vor sich hin schimpft. Kaum bin ich um die Ecke, höre ich sie auch schon lebhaft diskutieren. Meine Neugier ist stärker als ich, und so bleibe ich stehen, um sie zu belauschen.

»Rosaura, du weißt doch … einige Gäste sind Schweine, sie treiben diese Spielchen auf unsere Kosten, um herauszufinden, wie gut der Service ist.«

»Aber man verstopft doch nicht jeden Morgen die Toilette ... Es gibt für alles Grenzen!«

»Wenn Herr Gonzalez 1000 € pro Tag bezahlt, steht es ihm frei, sein Bad so zu hinterlassen, wie er möchte ... Denk bitte daran, der Gast hat immer recht.«

»Ja, aber da ist noch etwas ...«

»Was denn noch? Sag schon, ich muss los ...«

»Gestern Morgen hat er mich gerufen, während ich in 217 saubermachte, und hat mich gebeten, in sein Zimmer zu kommen.«

»Und dann, erzähl schon ...«

»Er war dann im Bett unter dem Laken. Er hat mich gebeten, die Tür zu schließen, weil er mir etwas Wichtiges mitzuteilen hätte ... Ich wusste nicht, was ich tun sollte ... Wegen seines Alters habe ich gedacht, ihm geht es nicht gut. Er hat mir gesagt, dass er sich so einsam fühlt – und plötzlich hat er das Laken hochgezogen und war darunter komplett nackt!!!«

»*Santa Muerte tengo que sentir!* Heute Abend rede ich mit dem Manager. Jetzt räum das Zimmer noch auf, und dann ruh dich aus. Für heute hast du frei.«

Zimmermädchen können mehr erzählen, als wir uns vorstellen können. Es sind fast immer Geschichten über Einsamkeit. Ich sehe den alten Herrn Gonzalez vor mir, bestimmt ist er so um die achtzig. Sein Leben verläuft in immer denselben langsamen Bahnen (ob er wohl deshalb eine Kreuzfahrt gebucht hat, um den Reiz des Neuen zu erleben?), bis dann sein Blick mit lüsternem Interesse auf die arme Rosaura fällt. So ist das Leben.

Mit meiner Kamera um den Hals kehre ich zum Hauptdeck zurück, in der Hoffnung, noch etwas von den Delphinen mitzubekommen. Ich steuere einen freien Platz an der Reling an, wo bereits ein merkwürdiges

Paar steht: ein hocheleganter älterer Dandy mit Panama-
hut und roten Mokassins, der einen von diesen klobigen
und hochkomplizierten alten Fotoapparaten umhängen
hat, der bestimmt einmal jede Menge Geld gekostet hat
und den er sorgfältig in das abgeschabte Lederetui zu-
rücklegt, und ein junger Mann (sein Sohn?) in Jeans und
T-Shirt, der ununterbrochen mit einer Kamera knipst,
die so ähnlich aussieht wie meine. Ehrlich gesagt be-
nimmt sich der ältere Mann ihm gegenüber nicht sehr
väterlich. Er sagt ihm nicht nur, welche Belichtungs-
einstellungen er wählen soll, sondern überschüttet ihn
mit einer seltsam anmutenden Aufmerksamkeit. Peter
– so heißt der junge Mann offenbar – hat auch eine Art
Moleskine dabei, in dem er sich Notizen macht. Plötzlich
bittet ihn der andere, ihm ein Gedicht vorzulesen. Peter
deklamiert mit leiser Stimme, doch so, dass auch ich
mithören kann. Es ist für mich zwar nicht ganz leicht,
einem deutschen Gedicht zu folgen, aber was ich verstehen kann, ist alles andere als platt und banal. Ich weiß
zwar nicht genau, worum es dabei wirklich geht, aber
es kommt etwas vor von Verlust und Bedauern, von
trauriger Vergangenheit und Leere. Plötzlich wendet
sich der Dandy, der vielleicht bemerkt hat, dass ich aufmerksam zugehört habe, mit einer kurzen Ansprache in
ausgezeichnetem Italienisch an mich:

»Die Leere ist nicht das Nichts, mein werter Herr, die
Leere ist Teil des Ganzen, sie ist etwas, was nicht Teil des
Seins ist, aber es dem Sein gestattet, sich zu bewegen …
Die Leere ist etwas äußerst Positives … Und die Dichter
sind keine dekadenten Verzweifelten … Sie fallen nicht,
sondern sie gleiten gemächlich und aufmerksam durchs
Nichts, um die Aussicht unter ästhetischen Gesichts-
punkten zu genießen. So wie die Delphine hier draußen

auf dem Meer ... Wenn ich mich vorstellen darf, mein Name ist Bernhard Schäufele, ich lehre Vor- und Frühgeschichte und Alte Geschichte an der Universität von Tübingen. Und das ist mein Doktorand, Peter Perpart, ein sehr begabter Student.«

Ich bin sprachlos. Er hat mich weniger mit dem überrascht, was er gesagt hat, abgesehen davon, dass ich es nur zur Hälfte verstanden habe. Aber sein ausgezeichnetes Italienisch erstaunt mich, es klingt geschliffen und elegant, gebildet und ohne den kleinsten deutschen Akzent. Ich stelle mich vor und sage das Erste, was mir durch den Kopf geht:

»Die Delphine sind schön, oder?«

»Eine lobenswerte Absicht unseres Kapitäns, der dem Passagier immer das verspricht, was er sich wünscht. Ich muss Ihnen gestehen, dass ich mich in dieser kleinen schwimmenden Stadt, in der alles glänzt, strahlt und fasziniert und mit der Präzision eines Schweizer Uhrwerks abläuft und wo für die, die hier arbeiten, nur eine Maxime gilt: den Gast zu verwöhnen oder alles zu tun, damit diese Woche auf See auf die eine oder andere Weise für ihn unvergesslich bleibt, dass ich mich hier keineswegs wiederfinde. Kann einer, der unter Urlaub das Loslösen vom Alltag sowie eine gute Gelegenheit, andere soziale Welten und Kulturen kennenzulernen, versteht, kann so einer also Urlaub als das Spazieren durch einen riesigen schwimmenden Komplex definieren, in dem alles der Kontrolle anderer unterliegt? Ich weiß schon, was Sie jetzt denken: Warum tue ich mir das an? Wer zwingt mich denn dazu? Ich tue es für ihn. Peter ist das genaue Gegenteil von mir, er liebt es, verwöhnt zu werden – damit er sich nicht einsam fühlt. Außerdem ist er Kind einer Generation, die nur dann zufrieden ist, wenn sie sich in dieser absoluten Laxheit verwöhnen lässt, die jeglichen Sinn und die eigentliche Bedeutung des Begriffs Reise annulliert ... Wie denken Sie darüber?«

»Ähh, nun ja ... Das würde jetzt wohl ein wenig zu weit führen ... Auf jeden Fall mein Kompliment, Sie sprechen ausgezeichnet Italienisch.«

»Vielen Dank. Es ist mir stets ein Vergnügen, andere in Erstaunen zu versetzen ... Ich habe in Florenz studiert und dann viele Jahre in Venedig gelebt. Sind Sie allein?«

»Nein, ich bin mit meiner Frau hier ...«

»Interessant. Sie haben also eine Frau?«

»Ja, sie ist Deutsche, wie Sie.«

»Wissen Sie, was Frauen und Delphine gemeinsam haben?«

»Nein ...?«

»Man denkt, beides wären intelligente Wesen, aber bis jetzt steht der Beweis dafür noch aus ... Hahaha ... Bitte sehen Sie mich jetzt nicht so an! Ich weiß, das war ein schrecklich schlechter Scherz. Ich hole ihn auch nur in meinen zynischsten Momenten hervor. Es hat mich sehr gefreut, Ihre Bekanntschaft gemacht zu haben, Signor Bruno. Bis bald und einen schönen Tag noch!«

Ich bin sprachlos und völlig erstarrt. Und während der ganzen Zeit hat der junge Peter nicht einmal den Mund aufgemacht, ja, ihn nicht einmal zu einem Lächeln verzogen.

In der Bar auf diesem Deck gibt es jetzt Kekse, Sandwiches und Kaffee. Vielleicht hat der frauenverachtende Professor recht, wir werden alle unendlich umsorgt und verhätschelt. Ich drehe mich um und sehe immer noch die Delphine. Es heißt ja, wenn man sie aus dem Meer springen sieht, bringt das Glück und Freude. Ich bekomme Lust, mich ins Meer zu stürzen und mich in ihren fröhlichen Tanz einzureihen.

Bevor sie uns bedient, fordert uns eine junge Hostess auf, *washi-washi* zu machen: Überall hängen Dosierspender, die einem etwas Desinfektionslösung auf die Hände spritzen. Meinetwegen. Vor mir steht ein spindeldürrer junger Kerl, dessen genaues Alter ich nur schwer einschätzen kann, er trägt einen dunklen, völlig unmodernen Anzug und hält einen Satz französischer Spielkarten in der Hand. Als er sie einsteckt, bemerke ich, dass eine Karte auf den Boden gleitet: Kreuz-Neun. Ich bücke mich und will sie ihm geben, aber da ist er auf einmal verschwunden. Wenig später begegne ich ihm dann bei den Aufzügen auf der anderen Seite des Decks.

»Entschuldigung, aber Sie haben da etwas verloren!«, sage ich und wedele mit der Karte.

»Ach … vielen Dank.«

Er nimmt sie, dreht sie ein paarmal hin und her, wie um sich zu versichern, dass es auch wirklich die Karte ist, die er verloren hat, dann sagt er:

»Stimmt, Herz-König!«

»Was heißt hier Herz-König? Das ist die Kreuz-Neun, die ich gerade in der Bar aufgehoben habe. Ich stand hinter Ihnen, als sie runtergefallen ist.«

Er gibt sich erstaunt und blättert den kompletten Kartensatz auf, bis er die Kreuz-Neun findet, und meint: »Sie irren sich!«

»Aber nein, ich versichere Ihnen …«

Da reicht er mir sein Lederetui mit den Karten und bittet mich, eine Karte auszusuchen, ohne sie ihm zu zeigen, dann auf dieser zu unterschreiben und sie zurück in den Stapel zu stecken.

»Sind Sie etwa ein Taschenspieler?«

»Wenn Sie sie nicht wiederfinden, nachdem Sie neu gemischt haben, dürfen Sie das Etui behalten, und übrigens, ich bin kein Ta-schen-spie-ler!!«

Ich mische die Karten und lege sie dann eine nach der anderen auf dem Etui ab. Aber die Karte, die ich mir gerade ausgesucht und signiert habe – die Pik-Drei –, ist nicht mehr da.

»Okay, Herr Magier, ich gebe auf!«

Wieder reicht er mir das Etui und bittet mich, es zu öffnen. Innen ist eine Reißverschlusstasche, in der eine umgedrehte Karte steckt. Nach dem üblichen »Simsalabim, eins zwei drei« soll ich sie umdrehen. Spannung, Trommelwirbel und – tatsächlich! Die Pik-Drei mit meiner Unterschrift! Ich bin baff.

»Aber wie haben Sie das gemacht?«

»Simsalabim, mein Freund«, und damit verschwindet er im Aufzug.

Der eine verschwindet, die andere taucht auf: Wie ein Blitz aus heiterem Himmel, ein Meteorit auf eine kleine Stadt, wie ein Löwe auf eine schutzlose Herde bricht auf einmal Jutta über mich herein. Sie will mir unbedingt etwas zeigen, nimmt mich bei der Hand und zieht mich zum Bug.

»Es gibt natürlich auch das Achterdeck, wo wir uns küssen könnten, aber hier ist es doch viel titanicmäßiger ... Schau doch nur, mein Schatz!«

»Aber hier ist es doch verboten ... Da steht es: ›Für Unbefugte kein Zutritt‹.«

»Aber das Meer sieht doch vom Bug aus viel aufregender aus ... Ach, komm schon, wir klettern einfach über die Absperrung!«

»Nein!«

»Na gut. Aber versprich mir, dass wir irgendwann an einem Abend wiederkommen!«

»Versprochen … Sieh mal, wer da gerade kommt.«

Der Kapitän, groß, graumelierte Haare, weißes Hemd und weiße Hose, kommt uns mit festem Schritt entgegen. Erst musterte er mich leicht vorwurfsvoll, dann greift er nach Juttas Hand und verabreicht ihr einen ebenso überschwänglichen wie widerlichen Handkuss.

»Schön, Sie zu sehen, meine Dame … Das muss also der Herr Bruno sein. Sehr erfreut, Kapitän Jürgen Steinbrenner. Ich weiß schon alles über Ihren Sonnenbrand … Das tut mir wirklich sehr leid!«

Dieser Herr Steinbrenner ist für meinen Geschmack im Umgang mit Jutta ja etwas zu anbiedernd und vertraulich, aber es ist wohl nicht der richtige Zeitpunkt, jetzt eine Eifersuchtsszene hinzulegen. Aber wenn Sie sehen könnten, wie sehr sie bei jeder seiner Schmeicheleien strahlt …

»Sie sehen wirklich wunderbar aus, Madame.«

»Vielen Dank, Sie sind immer so freundlich. Das liegt wohl an der guten Seeluft. Herr Kapitän, entschuldigen Sie, aber wozu braucht man diese Parabolantenne?«

»Ach, das ist ein Radar … Auch deswegen raten wir immer davon ab, in die Nähe des Bugs zu gehen – wegen der Strahlung …«

»Hast du gehört, was der Kapitän gesagt hat? Strahlung! Wissen Sie, Ihnen können wir es ja sagen, Jutta wollte eben über die Absperrung, um sich an die Reling zu stellen und dann …«

»Ja, ja, der Titanic-Thrill!«

»Ganz genau.«

»Die Streben der Reling stehen dort ziemlich weit auseinander. Da genügt eine Kleinigkeit, ein leichter

Aufprall, eine plötzliche Beschleunigung, und jemand könnte von dort oben ins Wasser stürzen. Bei höherem Seegang schließen wir auch die Zugänge zu den Außendecks …«

»Aber ein so großes Schiff kann nicht untergehen, oder?«

»Das ist fast unmöglich. Wir befinden uns auf einem mittelgroßen Schiff der neuesten Generation mit über 60 000 Tonnen … Nicht einmal bei Windstärke acht gibt es Probleme mit dem Seegang. Das schafft es mit links!«

»Sie müssen ihn schon entschuldigen, Herr Kapitän. Mein Bruno hier hatte eben schon immer Angst vor der See – und erst recht nach diesem tragischen Unfall der Concordia …«

»Ja, ich habe davon gehört … Aber mein Kollege war auch unvorsichtig … Die Poseidon geht nicht unter, selbst wenn wir auf ein Riff auflaufen würden … Nun ja, wenn Frau Jutta es sich so sehnlichst wünscht … Falls mal an einem Abend die See etwas ruhiger ist, und wenn Sie versprechen, ganz vorsichtig zu sein – dann gehen Sie ruhig zum Bug … Ich werde weggucken, versprochen.«

Und mit einem zumindest für mich unsympathischen Lächeln auf den Lippen verschwindet er.

»Was für ein Kerl! Ein echter Seewolf!«

»Ja, aus den Zeiten der Dampfschifffahrt …«

»Sag mal, du bist doch nicht etwa eifersüchtig?«

»Wer, ich? Auf den? Den möchte ich mal erleben, wenn in der Meerenge von Gibraltar der Sturm tobt. Oder auf dem Schiff bei Kapitän Ahab!«

»Wie kommst du denn jetzt auf Ahab oder die Meerenge von Gibraltar? Sag mir lieber, wie es dir geht. Soll ich dir noch einen Quarkwickel machen?«

»*No, no, no, no, no*, vielen Dank, mir geht es schon viel besser.«

»Dann ist es ja gut, dass du aufgestanden bist. Was hast du denn bis jetzt gemacht?«

»Ich habe mich ein wenig umgesehen … habe unsere Hausdame kennengelernt … und dann noch einen Magier, oder besser: einen Künstler seines Fachs, der hat mir einen irren Trick gezeigt …«

»Schön, dann hast du ja schon ein paar Bekanntschaften geschlossen … Schatz, ich geh wieder schwimmen. Du kannst ja noch eine Runde drehen, wenn du willst, aber bitte, keine Sonne! Und vergiss nicht, dass das Galadinner schon um sieben ist. Vielleicht kann dir ja dein Zaubererfreund eine Krawatte herbeizaubern … Ciaoooo!«

Sie trägt ein hellblautürkises Kleid. Sie ist die Schönste hier. Alle Augen sind auf sie gerichtet, als wir das Restaurant betreten. Mit einer schmierigen Verbeugung nähert sich mir der Maître und flüstert mir ins Ohr: »Pardon, der Herr. Haben Sie Ihre Krawatte vergessen?«

Ich will gerade etwas erwidern, da kommt er mir zuvor: »Wissen Sie, es ist ein Galadinner. Da ist nur dem Anlass entsprechende Kleidung erwünscht …«

»Hören Sie mal … Ich stehe hier schließlich nicht in Bermudashorts oder einer kurzen Toga wie im alten Rom vor Ihnen – wie Sie sehen, trage ich einen Blazer. Und selbst wenn ich wollte – können Sie mir sagen, wo ich um diese Uhrzeit noch eine Krawatte finden soll?«

»Unsere Boutique hat noch geöffnet …«

Ich könnte ihn erwürgen. Er ist so steif wie ein Stockfisch. Jutta stößt mir den Ellenbogen in die Seite, damit ich mich nicht aufrege. Ich fahre mit einem Finger un-

ter meinen Hemdkragen, um mir den Schweißring ab-
zuwischen, der sich dort gebildet hat, seufze einmal tief
und knöpfe mir den obersten Knopf zu. Da fällt mein
Blick auf einen Herrn im Saal, der einen Texasbinder
umhat. Ich mache auf der Stelle kehrt und laufe los.

Als ich mit meinem funkelnagelneuen Binder zu-
rückkomme, würde Maître Stockfisch mich am liebsten
wieder vor die Tür schicken, er diskutiert eine halbe
Ewigkeit mit mir, bis schließlich sein Vorgesetzter zu
uns stößt, sich alles erklären lässt und mich dann, sehr
zu meiner Freude, durchwinkt. Bei Tisch erzählen wir
diese Geschichte gleich unseren Nachbarn, Karin und
Helmut, mit denen wir bald Freundschaft geschlossen
haben.

»›Unsere Boutique hat noch geöffnet …‹ In dem Moment hätte ich ihn erwürgen können. So kam ich dann
auf die Idee mit dem Band um den Hals anstelle einer
Krawatte. Also bin ich hinunter ins Fitnesscenter und
habe mir dort aus dem Schrank ein Springseil geholt.
Das habe ich dann entsprechend gekürzt. Und schaut
mal, wie hübsch das mit den schmalen Enden aus la-
ckiertem Metall aussieht! Fast wie ein Texasbinder, was
meint ihr?«

»Genial!«

Es ist mir eben stets ein Vergnügen, andere in Erstaunen zu versetzen …

4. TAG

Coquimbo und die Poolparty
Jutta

Sich morgens von den Wellen schaukeln zu lassen und dabei ein paar Bahnen zu schwimmen ist für mich purer Luxus, selbst wenn es wie hier an Bord in einem Swimmingpool ist. Ich spüre diese Schwerelosigkeit, die mir das Gefühl gibt, federleicht, schlank und jung zu sein. Behände springe ich danach unter die Dusche und versuche, dieses Hochgefühl so lange wie möglich in mir zu tragen. Allein deshalb fällt mein Frühstück eher karg aus. Ich will keinen Ballast zu mir nehmen, der mich träge macht.

Im Tagesbericht steht heute eine Weisheit der Suahelis, die wieder absolut zutreffend ist: DREI DINGE MUSS DER MENSCH WISSEN, UM GUT ZU LEBEN: WAS FÜR IHN ZU VIEL IST, WAS ZU WENIG UND WAS GENAU RICHTIG IST. Keine große Weisheit, aber die meisten Menschen wissen es nicht; sie glauben immer, es sei zu wenig, ohne zu erkennen, dass sie zu viel anhäufen.

Unsere MS Poseidon fährt mit gedrosselten Motoren. Land ist in Sicht, karg und felsig zieht die Landschaft an uns vorbei. Nirgendwo sieht man Dörfer, nur Felsen in Schattierungen von gelblichem Weiß und Hellbraun. Alles ist vom Dunst verschleiert. Bald werden wir anlegen. Ich bin gespannt, wir haben Landausflüge gebucht. Eine Fahrt nach Coquimbo und heute Nacht um zwei Uhr die Reise zum Observato-

rium Mamalluca. Da werde ich nachmittags vorschlafen müssen.

Bruno meint, es sei ihm zu viel, heute in der Mittagshitze in eine Stadt zu fahren, er wolle lieber im Deckchair relaxen, er müsse über so vieles nachdenken! Ich entgegne, dass mir das zu wenig sei und ich mich deshalb alleine auf den Weg mache, was wiederum den Vorteil hätte, dass ich ihm dann sagen könne, ob sich der Ausflug rentiert habe. Morgen legen wir ja erst am Nachmittag ab, und so gibt es dann immer noch eine Chance, Versäumtes nachzuholen.

Ich schnappe mir meinen Sonnenhut und ein bisschen Geld und mache mich auf die Suche nach ein wenig Abenteuer.

Im Hafenbecken tummeln sich Hunderte von Seelöwen, große fette, kleine schlanke, deren glänzende Körper immer ein wenig aus dem Wasser ragen. Als ich am Kai entlanglaufe, verstehe ich, warum so viele von ihnen hier sind. Die Fischer werfen die Überreste ihres Fangs sowie die Eingeweide der von ihnen ausgenommenen Fische über Bord, und auch bei unserem Schiff ist eine Klappe offen, aus der der Inhalt verschiedener Tonnen ins Meer gekippt wird. Küchenabfälle, nicht gerade appetitlich. Die Seelöwen bekommen jedoch starke Konkurrenz von riesigen Pelikanen, die zuhauf auf den Pollern sitzen und gierig die Seemöwen attackieren, die schneller und geschickter sind und ihnen die leckeren Happen wegschnappen. Ich bin völlig fasziniert von diesem Schauspiel! Ein Hauen und Stechen ist das, die Stärkeren schubsen die Schwächeren weg, die Schnelleren die Langsameren, nur ein paar riesige alte Seelöwen, die träge auf den Pontons im Hafenbecken liegen, bleiben relativ unbeeindruckt von dem Getümmel. Hin und wieder lassen sie sich ins Meer fallen, um etwas Nahrhaftes zu erwischen, aber dieses krakeelerische Verhalten ihrer Artgenossen scheint absolut unter ihrer Würde zu sein. Eine Posse, wie sie von Nestroy nicht besser sein könnte. Und alles wird begleitet von dem ohrenbetäubenden Geschrei der Möwen.

Erst jetzt bemerke ich, dass der Bus für die Landpartie offenbar ohne mich abgefahren ist. Ich hatte ihn zwar hinter dem Empfangsgebäude stehen sehen, habe aber wohl die Zeit vergessen, so gefesselt war ich vom Schauspiel der Seelöwen. Ärgerlich, immerhin habe ich 15 € dafür bezahlt, andererseits waren die Seelöwen ein unvergesslicher Anblick.

Ich mache mich auf den Weg zum Zollgebäude. Dort kontrollieren sie immer die Handtaschen, ob man auch ja nicht irgendwelche essbaren Sachen an Land schmuggelt. Albern finde ich das, denn zu gerne hätte ich den Hunden, die dürr und ausgemergelt im Schatten liegen, einige leckere Stückchen vom Frühstücksbuffet mitgenommen. Aber das ist strikt verboten. Wenn ich erwischt würde, bekäme ich ordentlich Ärger und dürfte nicht mehr an Land gehen. Also hab ich es gelassen. Dass es keine Tragödie ist, den Shuttle versäumt zu haben, stelle ich alsbald fest. Draußen stehen öffentliche Busse und Taxis, die im Halbstundentakt in die Stadt fahren. Also steige ich in den Bus, der ganz vorne steht, zahle ein paar chilenische Pesos und ärgere mich nicht mehr. Bestimmt ist diese Busfahrt aufregender als eine organisierte Tour. Wenig später zuckelt der alte Bus mit seinen morschen Stoßdämpfern und den speckigen Sitzen Richtung Coquimbo. Im Reiseführer wird diese Stadt großartig angepriesen. Schon viele berühmte Seefahrer und Entdecker wie Sir Francis Drake waren dem Charme der Bucht von La Serena angeblich förmlich verfallen.

»Dass die immer so übertreiben müssen, diese Reiseführerschreiber«, entfährt es mir beim Anblick der nach Renovierung schreienden Häuser. Betonruinen, aus denen Eisenstangen und Stromkabel ragen, reihen sich ein neben einst hübsche bunte Holzhäuschen, deren Farbe längst verblichen und abgeblättert ist. Hin und wieder erkennt man Bemühungen, Vergangenes wiederzubeleben, aber es mangelt unübersehbar an Geld für notwendige Ausbesserungsarbeiten. Natürlich gibt es auch die unvermeidlichen Luxushotels, für die viele Behausungen abgerissen werden mussten, damit die besten Plätze am Strand zu Schnäppchenpreisen zu bekommen waren. Es geht doch nichts über Schmiergelder. Der Strand riecht förmlich danach. Ein paar bescheidene kleine Lädchen verkaufen Volkskunst und Waren des Landes. Alpakapullover, Handschuhe, Schals, selbstverständlich alles von den Frauen im Ort gewebt und gestrickt. Ich bin beeindruckt, bis ich in einem orangefarbenen Schal, der es mir angetan hat, ein Schild entdecke: MADE IN CHINA, 100 % Polyester. Das haben sie wohl vergessen rauszuschneiden. Ich flüchte, bummle den Strand und kleine Seitengässchen rauf und runter, sehe mir Silberschmuck mit Lapislazuli an, kann mich jedoch nicht entscheiden, etwas zu kaufen. Mir tun die Menschen in diesen Läden leid, sie haben sicher nicht viele Möglichkeiten, um ihre Waren an den Mann zu bringen, nur wenn große Luxusschiffe anlegen.

In einer Strandbar, die mich mit fröhlicher Latinomusik anlockt, genehmige ich mir einen Kaffee und ein Mineralwasser. Sexy gekleidet sind die Bedienungen.

Kurze enge Röcke über runden knackigen Pos, tiefe
Dekolletés halten üppige Busen zusammen, die wilden
Locken sind hochgesteckt, manche schmückt eine Hi-
biskusblüte. In jedem Fall sehenswert sind die Damen
und lustig. Sie lachen und tänzeln herum, während sie
servieren, ihre schwarzen Augen blicken mich auffor-
dernd an, obwohl ich eine Frau bin. Solidarisiere dich
mit uns, scheinen sie mir sagen zu wollen. Davon werde
ich Bruno berichten. Ich komme mit einer der Ladys
ins Gespräch, offensichtlich hat sie in dem Laden was zu
sagen. Sie erzählt mir von den verheerenden Schäden,
die der letzte Tsunami hier angerichtet hat. Die vor-
deren Häuser hätte er alle wie Pappschachteln ineinan-
dergeschoben. Sie habe Glück gehabt, weil sie an diesem
Tag mit ihrer Tochter im Spital außerhalb der Stadt war.
Zu Hause jedoch hätte sie nichts mehr vorgefunden, so
wie viele andere auch nicht mehr. So viele Freunde hätte
sie verloren, ach, es sei ein Jammer, aber nun würden sie
alles wieder aufbauen, ganz langsam, denn der Staat gebe
den privaten Leuten kein Geld, das würde im Sumpf
verschwinden, zwinkert sie mir zu und lacht dabei.

Sie hat meine Solidarität. Galgenhumor, und sei er
noch so bitter, verdient Respekt. Ich denke an mein
gemütliches sicheres Zuhause und bin beschämt. Bevor
ich ihr die Hand zum Abschied reiche, meine Zeche
bezahle und ihr alle restlichen Pesos, die ich eingesteckt
habe, in die Hand drücke, wünsche ich ihr viel Glück
und weiterhin so viel Humor und Lebensfreude. Sie
winkt mir lachend nach. Wunderbar, auch dieses Bild
vergesse ich nie!

Jetzt habe ich kein Geld für die Rückfahrt mehr!
Daran habe ich einfach nicht gedacht. Ich gehe zum
Busfahrer und frage: »Sorry, no more money, but can

I come with you?« So einfach wie möglich versuche ich mich verständlich zu machen. Ich wiederhole: »No money, sorry.« Er sieht mich mit leeren Augen an. »No money«, sage ich wieder. Nochmals blickt er mir in die Augen, dann macht er eine Handbewegung nach hinten, die ich so interpretiere, dass ich mich setzen soll. Nun gut, er hält mich nicht auf, also stilles Einverständnis.

»Gracias«, hauche ich ihm zu und bin froh, dass Gutes tun auch immer Gutes bringt.

Auf der Suche nach Bruno, der sich weder am Pool noch in der Kabine aufhält, beschließe ich, ein paar Runden auf dem Parcours des Oberdecks zu drehen. Die Sonne ist dabei, sich auf die andere Seite der Erde zu begeben, und ich erhoffe mir einen dramatischen Sonnenuntergang, während ich einige Kilometer hinter mich bringe. In der Mitte des obersten Decks befindet sich der große Schornstein des Schiffes und davor, in grüne Netze gehüllt, die Golf Driving Ranch. Hier wird weit ausgeholt und ein 200-m-Flight geübt oder immer und immer wieder eingeputtet, also ins Loch geschlagen. Ich, die ich über absolut kein Ballgefühl verfüge und der jegliche Form von Ballspiel total zuwider ist, beachte normalerweise die Golfspieler gar nicht. Doch heute fällt mein neugieriger Blick auf das laute Treiben. Karin und Helmut versuchen Bruno Golfspielen beizubringen! Ich fasse es nicht! Der Vierte im Bunde wird mir als Adrian der Zauberer vorgestellt. Da er anscheinend der beste Golfer von den drei Männern ist, möchte ich von ihm wissen, was sein Trick dabei ist, denn den würde ich gerne beherrschen. Er lacht und meint, die Übung mache den Meister. Na gut, dann lass ich es halt, denn üben mag ich nicht. Entweder von null auf hundert, oder ich spiele kein Golf und jogge lieber weiter.

Heute Abend ist große Pooltanzparty. Karin war sicher wieder im Tanzkurs und wird uns nachher mit einem Paso doble in die Knie zwingen. Aber sie soll sich nicht zu früh freuen, denn auch Bruno und ich haben etwas in petto, was sie erstaunen wird. Bereits beim Abendessen geht es an unserem Tisch sehr lustig zu, und wir ziehen uns gegenseitig mit unseren Tanzkünsten auf. Ich mag die beiden immer lieber. Herzlich und liebenswert sind sie, wenngleich ich zwischen ihnen eine gewisse Spannung bemerke, die mich aber nicht zu interessieren hat. Helmut schmeckt es heute Abend besonders gut, stelle ich fest, und ich ziehe ihn damit auf, dass er nach dem zweiten Stück Schokoladentorte und dem Cognac beim Rock 'n' Roll mit Karin so seine Probleme haben wird. Er tanze sowieso nicht, und wenn das Schiff dann auch noch schlingere, würde er davon seekrank werden. Na bravo, dann hat er ja in Bruno den idealen Partner gefunden! Die beiden haben ein richtig gutes Thema für die Poolparty, selbst wenn dem Schiff im Hafen jegliche Bewegung untersagt ist. Karin und ich verlassen die beiden Spaßbremsen und begeben uns aufs Vorderdeck, wo die Liveband bereits für Stimmung sorgt.

Einige der Herrschaften scheinen eingefleischte Seefahrer zu sein, vertraut gehen sie miteinander um, wie alte Bekannte, die aufeinander eingespielt sind und wissen, wie man sich die Zeit am besten vertreibt. So tanzen vor allem ältere Damen, in phantasievolle Gewänder gehüllt, abenteuerlich geschminkt und schwer mit Schmuck behangen, völlig ungeniert und ausgelassen alleine oder mit irgendjemandem, der gerade in der Nähe steht. Karin klärt mich auf und sagt, dass es jede

Menge Passagiere gibt, die bereits seit Monaten auf der MS Poseidon leben. Reiche Rentner, die sich ihren Lebensabend schön gestalten. Hier haben sie Freunde gefunden, schippern um die ganze Welt und lassen es sich richtig gutgehen. So ein Tanzabend ist natürlich eine großartige Gelegenheit, jemanden kennenzulernen. Man kann ja nie wissen, ob die große Liebe nicht doch noch plötzlich auftaucht. Na ja, denke ich mir, es kommt immer darauf an, ich kann gerade niemanden entdecken, in den ich mich spontan verlieben würde. Karin juckt es offensichtlich in den Beinen. Sie tänzelt mit kleinen Schritten auf der Stelle, ich empfehle ihr, sich doch Bruno zu schnappen, der uns soeben aufs Vorderdeck gefolgt ist. Das ist ein bisschen gemein von mir, denn gerade spielt die Band Rumba, und Bruno bekommt Schweißausbrüche, wenn er irgendwelche Figuren tanzen muss. Der wehrt auch gleich entsetzt ab, und so schnappt sich die etwas unglücklich drein-blickende Karin den nächstbesten Herrn. So wie der jedoch tanzt, hätte es Bruno auch noch hingekriegt. Ich lache mich schief.

Gottlob ändert die Band nach der Rumba ihren Stil. Saturday Night Fever ist angesagt, und jetzt ist Bruno nicht mehr zu halten! Er hat in seiner Begeisterung für John Travolta als Teenager jede Drehung, jeden Tanz-schritt, jedes einzelne Element dieser Choreographie aufgesogen und sie sich unauslöschlich eingeprägt. So langsam Bruno oft ist, so schnell und energiegeladen ist er bei dieser Musik. Er dreht sich, schlägt die Beine übereinander, wirbelt die Arme hoch, »you're the one that I want, oh oh oh«. Alle schauen nur noch ihn an. Bewundernde, begehrliche Blicke der Damen wech-seln sich mit den neidischen der Herren ab. Karin ist restlos begeistert. Das hätte sie ja nie und nimmer von Bruno erwartet, er wäre ja ein großartiger Tänzer, und schwupp! krallt sie ihn sich. Leider verlegt sich die Band wenig später wieder auf Standardtänze, und Bruno steigt ihr ständig auf die Zehen, bis beide genervt aufgeben. Aber für eine so leidenschaftliche Tänzerin wie Karin ist der Abend noch lange nicht gelaufen. Die Rettung naht in Form des zwar etwas korpulenten, aber durchaus stattlichen Maître de cuisine. Er trägt noch seine weiße Kochlivree mit den schwarzen Knöpfen. Was dann geschieht, versetzt mich in absolutes Erstaunen! Dieser Koch ist in der Tat ein grandioser Tänzer, wie ein Liebhaber geht er auf Karin ein, wiegt sie im Rhythmus der Musik, schmiegt sich an ihren Körper, um ihn im nächsten Moment nach hinten fallen zu lassen. Tango Argentino, und sie schwebt, krallt, lacht, ihre Haare fliegen, er hat sie fest in der Hand. Sexy anzusehen, männlich potent. Heimlich beobachte ich Helmut, dem schwillt der Kamm. Oje, das gibt Ärger, denk ich mir. Auch Bruno ist der Koch ein Ärgernis, hat er ihm letztlich doch die Show gestohlen. Zu gerne würde auch ich mich vom kochenden Eintänzer zum Tango verführen lassen, aber auch das gäbe Ärger, zumindest Diskussionen, auf die ich absolut keine Lust habe. Wie in einer spanischen Arena beim Stierkampf kommen mir die Herren vor, wobei mein Schatz schon allein auf Grund seines Körperbaus gegen diese Kochlöffel schwingende Kampfmaschine chancenlos wäre. Helmut wird immer nervöser, nur seine schweizerische Zurückhaltung lässt ihn die Contenance bewahren. Ich beobachte, wie Bruno beschwichtigend auf ihn einredet und ihm einen weiteren Drink verpasst, nicht ohne sich auch einen zu genehmigen.

An meine Seite gesellt sich Adrian der Zauberer. Er hätte gehört, dass wir hier an Bord Lesungen abhalten würden und würde gerne mehr wissen. So erzähle ich ihm von unseren beiden Büchern, die wir geschrieben haben, was uns manchmal Merkwürdiges passiert und dass ich hin und wieder gerne ein Zauberkünstler wäre, der sich einfach vom Ort des Geschehens wegbeamen könnte. Sich klonen würde mir auch gut gefallen, dann hätte ich die Muße, ausschließlich das zu tun, wozu ich wirklich Lust habe.

»Dann zersäge ich dich morgen«, sagt Adrian lachend. »Du kannst dich dann entscheiden, ob das Original Jutta als Kopf mit Rumpf durchs Leben geht oder lieber kopflos, aber dafür mit Beinen!«

Für mich liegt die Entscheidung klar auf der Hand. Der Klon soll sich die Hacken ablaufen, derweil liege ich auf dem Sofa und tue, was mir Spaß macht, zum Beispiel mal schlafen, solange ich will. Ja, das will ich morgen unbedingt machen. »Meinst du, ich könnte wirklich mit dir auftreten?«, frage ich ihn. Denn so eine Rolle habe ich noch nie gespielt! »Bruno würde staunen!«

Adrian sagt mir, er müsste dann jedoch mit mir noch heute Abend, am besten jetzt, eine Kleinigkeit erledigen. Ob ich denn fünf Minuten Zeit hätte, mit ihm in sein Studio zu gehen? Da sich Bruno sowieso an Helmut festgesaugt hat – die scheinen ja wirklich tiefschürfende Männerprobleme aus der Welt schaffen zu wollen –, verschwinde ich mit Adrian in sein geheimnisvolles Studio auf Deck drei, wo die Mannschaft untergebracht ist. Super, hier kommt der gewöhnliche Gast ja niemals hin! Überall stehen die Türen offen, in manchen Kabinen sitzen Matrosen und schauen fern oder lesen. Manche haben zwei Betten drin, andere vier als Stockbetten, bei weitem alles viel einfacher und enger als bei uns. Adrian hat eine Kabine für sich alleine, die gleichzeitig sein Studio ist, wo er offenbar auch seine Zaubersachen aufbewahrt. Er bittet mich, einen Moment draußen zu warten, weil er kurz etwas vorbereiten muss. Schade, die Tür hat kein Schlüsselloch, ich bin doch so neugierig! Wenig später darf ich eintreten. Ob er ein Foto von mir machen dürfe, fragt er mich. Er brauche lediglich ein Porträt, allerdings von drei Seiten.

»Aha, also für die Verbrecherkartei?«, frage ich.

Ich könne gerne darauf zurückgreifen, falls ich es mal benötige, entgegnet er flapsig. Leider müsste er auch noch kurz meinen Kopf vermessen, aber das ginge alles innerhalb von Minuten und täte auch nicht weh. Nach ein paar Vermessungen mit einem zirkelartigen Gerät und drei Fotos bin ich entlassen. Natürlich bringt er mich wieder auf dem schnellsten Weg zurück zur Party. Schade, denn ich würde gerne noch hier unten bleiben und mir alles ansehen, aber die Bewohner des Decks empfinden mich sicher als Eindringling und fühlen sich gestört.

»Eigentlich ist es uns streng untersagt, Passagiere in die Mannschaftsräume zu bringen, aber das ist ja sozusagen ein Notfall, und außerdem verrätst du mich nicht, oder?«, flüstert mir Adrian zu, während wir durch die Gänge huschen wie zwei Diebe.

»Tja, das muss ich mir noch überlegen, aber unter der Bedingung, dass du mir den Sägetrick für morgen verrätst, kann ich mich auf dieses Versprechen vielleicht einlassen«, versuche ich ihn zu erpressen.

Auf dem Ohr scheint er aber taub zu sein, denn er meint, ich solle mich doch nicht jeder Illusion berau-

ben. Da hat er recht! Wie trostlos sähe denn eine Welt
ohne Illusionen aus. Ich habe gerade jetzt die Illusion,
dass ich gleich mit Bruno etwas unglaublich Schönes
erleben werde. Als ich ihn jedoch so an der Bar stehen
sehe, nicht mehr so ganz sicher auf den Beinen, frage
ich mich, ob er wirklich um zwei Uhr fit genug sein
wird, mit mir zum Observatorium Mamalluca zu fahren. Offensichtlich hat er mich nicht einmal vermisst
in der Zwischenzeit. Ich bitte Bruno, mir ein Glas Mineralwasser zu bestellen, und ergänze, dass es auch für
ihn besser wäre als ein Whisky, den er eigentlich eh
nicht mag. Mittlerweile ist es fast ein Uhr, und die Party
nähert sich ihrem Ende.

»Warum muss sich Karin immer gleich so an alle
Tänzer ranschmeißen, man muss doch nicht so eng miteinander tanzen«, beschwert sich Helmut verzweifelt.

Ich möchte ihn besänftigen, aber Bruno sagt, er könne das besser, er als Mann verstehe Helmut vollkommen, und auf Sterne habe er übrigens jetzt auch keine
Lust mehr. Was solle das auch schon Besonderes sein?
Eine Sternwarte eben, Sterne könne man auch morgen
Nacht auf See angucken, das sei viel romantischer. Jetzt
bin auch ich angefressen. Ich hatte mich so auf diesen
Ausflug gefreut! In einem meiner Bücher über Chile
wird gerade dieses Observatorium als eines der größten
und wichtigsten der Welt erwähnt. Aus aller Welt reisen
Astrophysiker und Astronomen an, um zu forschen und
um neue Sterne oder Galaxien zu entdecken, und nun
darf ich alleine dorthin fahren!

Da die Stimmung zwischen Karin und Helmut heute
Abend nicht mehr zu retten ist, frage ich sie einfach, ob
wir nicht zusammen nach Mamalluca fahren wollen; sie
überlegt einen Augenblick und meint dann, Sternegu-

cken wäre immer noch besser, als die Nacht auf einem unbequemen Deckchair zu verbringen, denn in die Kabine ginge sie jetzt nur noch mal, um sich passenderes Schuhwerk anzuziehen und eine warme Jacke zu holen.

Party mit Nebenwirkungen
Bruno

Simsalabim ist heute Morgen bei meiner ersten Golfstunde wieder aufgetaucht. Ich sollte vielleicht vorausschicken, dass Golf für mich nicht nur eine Wissenschaft an sich darstellt, sondern auch ein absolutes Rätsel. Es mag ja beruhigend und erfüllend sein, genau und unvorhersehbar, aber es ist ein Sport, der vollständige Konzentration und gleichzeitig totale Entspannung fordert. Für mich bedeutet das, Golf befriedigt die Seele, aber frustriert den Intellekt.

Als Anfänger habe ich Schwierigkeiten, den Ball mit dem nötigen Schwung zu treffen. Helmut, der etwas davon versteht, gibt meinen Lehrer und erklärt mir, dass man für einen guten *slice* den Ball lotrecht mit dem Schlägerkopf treffen muss. Das mag schon sein, aber ich lande immer etwas zu tief. Mit dem letzten Schlag hätte ich um ein Haar ein Stück aus dem Kunstrasen gerissen.

»Du hast einen zu langsamen *swing*. Komm schon, versuch es gleich noch mal! Und verkrampf die Arme nicht so, halt die Beine geschlossen ...«

WUSCH!! Donnerwetter!!! Ich habe den Ball gerade gut zwölf Meter weit geschlagen! Ich glaube, ich habe den längsten Schlag hingelegt, der je an Bord eines Schiffes ausgeführt wurde. Sogar Karin, die das Ganze mit einer Videokamera aufnimmt, verfolgt seine Flugbahn mit offenem Mund. Der Ball ist gegen den Schornstein hoch über uns geknallt ... Wo er wohl gelandet sein mag?

Und hier kommt Simsalabim wieder ins Spiel.

»Ist das Ihrer?«

Er bewegt rasch seine Hand, und schon sind es plötzlich zwei Bälle. Er steckt sich einen in die Tasche und hat drei in der Hand. Wieder zwei in die Tasche, und es werden vier, fünf, sechs …

Adrian kommt aus Ungarn. Seine Karriere als Zauberkünstler – wie er uns erzählt, während die Bälle zwischen seinen langen, schlanken Fingern dahingleiten – hat er schon als kleiner Junge in Debrecen begonnen, wo er die Knöpfe seiner Schulkameraden verschwinden ließ. Mit fünfzehn kam er nach Budapest, der Heimat des großen Houdini, und er kann es selbst kaum glauben, dass er inzwischen zu einer stadtbekannten Berühmtheit geworden ist. Eigentlich heißt er Andor Radnòti, aber sein Agent fand den Künstlernamen Adrian besser.

Den Nachmittag verbringen Helmut und ich damit, verzweifelt herauszufinden, wie zum Teufel er all diese Bälle hervorgezaubert hat und wieder verschwinden ließ. Und heute Abend dürfen wir die Poolparty mit Ozeanblick auf keinen Fall verpassen, das wird bestimmt großartig!

Helmut ist mit einem Kapitänsjackett wie Jack Lemmon in »Manche mögen's heiß« und Blues-Brothers-Sonnenbrille aufgekreuzt, Karin dagegen trägt eine auffällig bunte Bluse und eine ebenso grelle Hose. Sie versprüht ihre übliche Vitalität und ist richtig aufgekratzt. Der junge Koch hat sie soeben fest am Arm gepackt und wirbelt sie nun wie eine Weltmeisterin im akrobatischen Rock'n'Roll herum. Ein herrliches Bild, zumal sie wesentlich kleiner ist als er! Sie tanzt ziemlich gut für eine Dame in den Fünfzigern (die man ihr allerdings nicht ansieht). Jutta amüsiert sich und klatscht den Takt mit, wir Männer dagegen sichern uns schnell an der Bar die beiden letzten freien Hocker. Helmut bestellt zwei Gläser Laphroaig, verfolgt allerdings ständig aus dem Augenwinkel das Geschehen auf der Tanzfläche. Als wir anstoßen und trinken, bemerke ich einen Anflug von Traurigkeit auf seinem Gesicht ... Beinahe schicksalsergeben verfolgt er, wie seine Frau mit einem anderen tanzt.

»Das wird eine lange Nacht, da lohnt es sich nicht, noch einmal schlafen zu gehen, was meinst du, Helmut?«

»Mir passt das ja gar nicht ... Ist dir klar, dass wir in knapp drei Stunden schon wieder los sollen?«

»Tja, aber was wollen wir machen?«

Genau, Jutta haben die Sterne über dem Cerro San Cristobal nicht gereicht, sie hat sich in den Kopf gesetzt, unbedingt den nächtlichen Ausflug zum Sternenobservatorium von Mamalluca mitzumachen. Es ist von Coquimbo, dem ersten Hafen, in dem wir angelegt haben, etwa achtzig Kilometer entfernt. Angeblich ist diese Gegend von Chile der beste Ort auf der Welt für Planetenbeobachtung. Das liegt an der Trockenheit der Wüste, dem fast immer wolkenlosen Himmel und vor allem daran, dass es hier keinerlei Lichtverschmutzung gibt. Der Kapitän hat uns schon belehrt:

In Mamalluca ist das Schauspiel der Himmelskuppel wirklich einzigartig und mit nichts zu vergleichen. « Und den üblichen Spruch hinzugefügt, dass man dieses Abenteuer *»auf keinen Fall versäumen«* sollte. Aber wir beiden Männer haben keine Lust. Also müssen wir uns eine gute Ausrede einfallen lassen, damit wir unsere Frauen allein losschicken können.

Da schlaf ich doch lieber aus und gönne mir morgen Vormittag einen ausgeruhten Bummel durch La Serena, das ganz reizend sein soll: eine andere Stadt am Meer ganz in der Nähe von Coquimbo, wo man angeblich eine entspannte Lebensart pflegt. Genau das Richtige für zwei Faulpelze wie Helmut und mich. Natürlich werde ich mich bestimmt nicht noch mal in die Sonne legen, o nein. Allerdings spricht nichts gegen, wie Helmut es ausdrückt, eine schöne Fischschlemmerei. O ja, das ist ganz in meinem Sinn. Und La Serena ist unter anderem berühmt für seinen Pisco …

»Weißt du eigentlich, dass die Chilenen und Peruaner darüber streiten, wer diesen Drink tatsächlich erfunden hat?«

Helmut hat ein wenig recherchiert und herausgefunden, dass der berühmte Likör anscheinend ursprünglich in Chile hergestellt wurde, aber erst später den Namen Pisco bekam, weil er für den Export nach Spanien in der peruanischen Hafenstadt Pisco verschifft wurde … Aber das ist die chilenische Sicht der Dinge.

»Ich warte lieber auf die peruanische Version, bevor ich mir ein Urteil erlaube …«

»Genau! Also, wenn du einverstanden bist, schlag ich dir folgendes Programm für morgen vor: Aufstehen in aller Ruhe so gegen neun, dann im Hafen ein Taxi nehmen, kurze Stadtbesichtigung und danach Mittagessen in einem der kleinen Lokale, die mein Reiseführer hier empfiehlt.«

Er zieht ein kleines rotes Büchlein heraus und zählt eine ganze Reihe von Lokalen an der Strandpromenade auf, die jede Menge ungewöhnliche Fischgerichte anbieten. Ich wusste nicht, dass in Chile die verbreitetste Zubereitungsart für Fisch in einer Suppe besteht: *Cal-*

dillos zum Beispiel ist ein Gericht aus Aal und klein-
geschnittenen Kartoffeln, abgeschmeckt mit Zitrone,
Koriander und Knoblauch.

»Aber ist das nicht ein wenig schwer?«

»Nein – mit Koriander verdaust du alles.«

Eine andere leckere Suppe ist *pailla* aus Meeresfrüchten. *Chupe* dagegen ist ein Fisch, der in einer Buttersau-
ce mit Semmelbröseln, Käse und Gewürzen gedünstet
wird.

»O Mann, da verzichte ich aber mit Freuden auf die
Sternschnuppen und stehe lieber früh auf, mir läuft
schon jetzt das Wasser im Munde zusammen!«

Helmut ist ein ausgezeichneter Gesprächspartner, er
hat zu jedem Thema etwas zu sagen. Da er allerdings
auch sehr eifersüchtig ist, kann er die Augen nicht einen
Moment von seiner Frau lassen. Und so finde ich heraus, dass seine Eifersucht besitzergreifend ist und buchstäblich krankhafte Formen annimmt.

Dabei kann man Karin eigentlich nicht als schön
bezeichnen. Sie ist zweifelsohne sehr sympathisch, aber
das erklärt nicht diese übersteigerte Eifersucht. Sie hat
eine zu hohe Stirn, eine kleine, etwas gedrungene Nase,
ist etwas pausbäckig, hat schmale Lippen und ein aus-
geprägtes Doppelkinn. Allerdings erklärt das, was im
Ausschnitt zu sehen ist, durchaus, warum Helmut vor
zwanzig Jahren verrückt nach Karin war. Aber wenn
man Helmut so zuhört und sie nicht kennt, stellt man
sich eine Art dreißigjährige Heidi Klum vor; doch er
schwärmt von ihr, als wäre sie die Größte!

»Bevor wir geheiratet haben, hat sie alles getan, um
sich zu verunstalten – überall Piercings, ausrasierte oder
rotgefärbte Haare, sie war sogar ein Jahr lang Hausbeset-
zerin. Wenn sie so durch Aarau lief, musste man sich in

Grund und Boden schämen. Du weißt ja, die Provinz ist unerbittlich in ihrem Urteil ... Aber stell dir vor: Eines Tages beim Shopping in Basel wurde sie von einem Agenten angesprochen, der ihr angeboten hat, für ein berühmtes Modehaus als Model zu arbeiten. Sie hat das natürlich abgelehnt. Sie ist ein einfaches Mädchen, das nie davon geträumt hat, einmal auf dem Laufsteg zu posieren. Lieber hat sie dann bei mir gearbeitet ... Warum verziehst du das Gesicht, glaubst du mir etwa nicht?«

»Nein, nein ... Ich habe nur gerade darüber nachgedacht, dass sie nicht gerade dem üblichen Schönheitsideal entspricht ...«

»Willst du damit etwa sagen, dass meine Frau hässlich ist?«

»Neeein ... Ich sage nur, dass sie keine klassische Schönheit ist ... Ihre Schönheit ist anders, raffinierter, wie bei einem Gemälde von Leonardo ...« Ich habe keine Ahnung, wie ich mich da rauswinden soll.

Inzwischen wirbelt Karin herum, und je mehr sie herumwirbelt, desto größer sind Helmuts Qualen. Eine halbe Stunde dreht sich unser Gespräch um nichts anderes, bis sich auf einmal ein älterer dicker Mann neben uns setzt, der ganz in die Lektüre der *Financial Times* versunken ist.

»Guten Abend, Alfonso!«, begrüßt Helmut ihn vertraulich.

»Heiliger Himmel, ich habe dich gar nicht erkannt ... Ich langweile mich zu Tode. Nur alte Weiber auf der Piste, kein bisschen Frischfleisch!«

»Ach, das würde ich aber so nicht sagen. Hast du die Hostessen in der Admiralsuniform nicht gesehen?«

»Die sind viel zu reif für meinen Geschmack ...«

Der Typ ist mir nicht gerade sympathisch, daher beschließe ich, mich nicht am Gespräch zu beteiligen. Als er mir die Hand reicht, lässt er sich nicht einmal dazu herab, mir seinen Namen zu verraten. Was für ein ungehobelter Klotz! Aber wenigstens lenkt seine Gegenwart Helmut ab. Die beiden reden übers Geschäft und spanische Bonds. Bei diesem Fachchinesisch aus der Welt der Banker und Broker bin ich völlig verloren. Deswegen schalte ich ab und höre erst wieder hin, als Helmut mich anspricht.

»Schau doch nur, wie er sie an sich presst ... Jetzt geh ich aber hin und geige ihm gehörig die Meinung!«

»Ach, lass doch ... Sie tanzen doch nur!«

»Ich mag diesen Kerl nicht, er macht ihr zu viele Avancen, und er hält sie eindeutig zu fest!«

Der Dicke ist aufgestanden, hat allerdings seine Zeitung auf dem Hocker liegenlassen. Einen Moment lang befürchte ich, dass Helmut mit mir ein offenes Wort über seine Eifersucht reden will, daher komme ich ihm zuvor und lenke das Gespräch in eine andere Richtung.

»Verrätst du mir, wer das ist?«

»Das ist ein Finanzgenie, ein Deutscher mit kolumbianischen Wurzeln, ein echter Krösus, der Vorsitzende eines Fonds mit einem Asset von ich weiß gar nicht wie vielen Millionen Dollar ... Einer von denen, die mit Worten Berge versetzen können – vor allem solche aus Geld.«

Nach einigen Minuten kommt der Typ zurück, seine Langeweile hat sich nicht gegeben in der Zwischenzeit.

»Alles in Ordnung, Alfonso?«

»Ich kann nicht klagen. Gerade habe ich eine Mail aus meinem Büro in Frankfurt erhalten ... Ich hatte recht mit diesem Zitronensaft. Die Aktien sind von gestern bis heute auf Rekordhöhe gestiegen.«

»Du bist großartig … Hätte ich doch auf dich gehört!«

Wenn ich alles richtig mitbekommen habe, kam es in den USA zu einem Engpass bei Zitronen wegen einer schrecklichen Krankheit, die in den Obstplantagen von Texas wütet. Da deshalb Europa durch die verstärkte Ausfuhr zum Hauptlieferanten weltweit wurde, hat unser Genie alles auf ein börsennotiertes italienisches Unternehmen der Obstbranche gesetzt. Und innerhalb von vierundzwanzig Stunden hat sich der Wert seiner Aktien verzehnfacht.

»Ich freue mich für Sie … Allerdings – die armen Pflanzen«, werfe ich schüchtern ein, um mein langes Schweigen zu brechen.

Aber den anderen scheint das Problem wenig zu kümmern: »Ich bin Geschäftsmann, kein Farmer! Allerdings scheinen die Amerikaner noch drakonischer als wir zu sein – sie haben die kranken Bäume einfach gefällt … hahaha.«

Auf so viel Arroganz würde ich gern mit einer sarkastischen Bemerkung reagieren, doch da ertönt von irgendwoher ein Klingelton, der mich schon im Ansatz unterbricht. Der Alte zieht seinen Blackberry hervor, betrachtet das Display und strahlt über das ganze Gesicht. Dann zeigt er uns das Foto.

»Hübsch, nicht wahr? Die ist erst 23. Es ist die Tochter von einem meiner Freunde. Ich habe sie kennengelernt, da lag sie noch in den Windeln, einmal hatte ich sie sogar auf dem Arm. Ich war wie ein Onkel für sie, und jetzt ist sie meine neue Freundin.«

Danach herrscht frostiges Schweigen zwischen uns. Dieser Mann ist schlichtweg widerlich. Ich will gerade gehen, da klingelt schon wieder ein Handy, diesmal ist es meins. Auf dem Display erscheint das Foto meiner

113

Tochter mit einer SMS: »Du fehlst mir, Papa. Wo bist du?«

»Oh, hübsch. Ist das Ihre kleine Freundin?«

»Nein, meine Tochter! Und ich erlaube Ihnen nicht, so von ihr zu reden!«

Jetzt legt Helmut mir eine Hand auf den Arm, um mich zurückzuhalten. Der Dicke weiß nicht, was er entgegnen soll, und zieht seine Oberlippe hoch, wohl ein Tic. So bekomme ich eine ganze Reihe gelblicher Zähne zu sehen, die ihn noch abstoßender machen. Er nimmt sich eine Salzstange, beißt hinein und meint im Gehen: »Bemühen Sie sich nicht, ich bin schon weg ...«

Ich warte, bis er fort ist, trinke noch einen Whisky und knurre dann:

»Sag mal, seit wann kennst du denn dieses Schwein schon ... Wie heißt er noch?«

»Ich habe ihn gestern im Fitnessstudio kennengelernt, beim Spinning ... Er heißt Alfonso, Alfonso Gonzalez.«

Inzwischen sind wir beim dritten Laphroaig und haben beschlossen, unseren Frauen zu sagen, dass wir nicht mitkommen nach Mamalluca. Bei Helmut kommt inzwischen noch eine gewisse Verstimmung wegen Karins Tanzerei dazu. In der nächsten Tanzpause teilen wir ihnen unsere geänderten Pläne mit; natürlich sind sie sauer. Als sie uns verlassen, um sich fertigzumachen, ist die Party längst vorbei, die Lichter im Pool sind aus, die Sofas leer. Nur noch jemand vom Personal ist da, der die Tische wieder ordentlich hinstellt, und eine Hostess gleitet im Dunkeln entspannt durch das Schwimmbecken.

»Ach, hier fühl ich mich wohl!«, ruft Helmut aus. »Hör mal, jetzt, wo wir nicht mehr nach Mamalluca müssen und noch ein wenig bleiben können … Darf ich dir ein wenig von mir und Karin erzählen?«

Und so erfahre ich, dass er Schrotthändler ist, dass man mit dieser Arbeit eine Menge Geld machen kann und dass seine Frau bei ihm arbeitet. Ursprünglich war er Tierarzt, aber von einem Tag auf den anderen musste er den Kittel ausziehen, um sich um den Familienbetrieb zu kümmern. Er sei ein eher häuslicher Typ, der den Reizen der Frauen, die allerdings ständig versucht hätten, ihn zu verführen, nicht viel abgewinnen konnte. Dann schildert er mir ihre erste Begegnung am Bodensee, als Karin, die einen schwarz-weiß gefleckten Kater besaß, unter den Gästen des Hotels, das für seinen Service für Haustiere berühmt war, herumfragen ließ, ob jemand eine paarungsbereite Katze habe, weil sie gerne Nachwuchs von ihrem Kater hätte. Daraufhin meldete er sich bei ihr und schlug ihr vor, die beiden Katzen bei Sonnenuntergang an den Strand zu bringen, um für romantische Stimmung zu sorgen. Im Mondschein kam es dann zu einem Kuss zwischen den beiden Menschen, aber die Katzen waren verschwunden. Als sie sie endlich wiedergefunden hatten, löste sich alles in Wohlgefallen auf, und zwischen Helmut und Karin entbrannte eine leidenschaftliche Liebe.

»Eine romantische Geschichte, nicht wahr?«

»Und ob«, heuchle ich Begeisterung. »Ich werde sie morgen gleich Jutta erzählen. Ich habe ja schon viele romantische Geschichten gehört, aber so eine …«

Dann starrt Helmut auf einen Mann, der einsam am Ende des Tresens sitzt, und fragt mich:

»Weißt du, als was der da drüben arbeitet?«

»Wie soll ich das wissen, wo ich ihn doch gar nicht kenne?«

»Das ist ein professioneller Begleiter«, raunt er mir zu.

»Ein Begleiter?«

Der Mann ist um die vierzig, trägt ein grünes Polohemd und enge Jeans. Er hat dicke schwarze Locken und einen schmalen Schnurrbart, so genau kann ich das im Dunkeln nicht erkennen, insgesamt ist er aber eine elegante Erscheinung. Er dreht sich um zu der Hostess, die eben aus dem Pool steigt. Ich habe ihn schon während der Party beobachtet, als er mit verschiedenen Frauen getanzt hat, aber dem keine weitere Beachtung geschenkt.

»So jemand ist sehr gefragt im Kreuzfahrttourismus der Luxusklasse. Er leistet einsamen Gästen Gesellschaft und muss ihre Tage nach Möglichkeit füllen, mit ihnen tanzen und sich mit ihnen unterhalten …«

»Sonst nichts?«

»Sonst nichts. Das hier ist ein seriöses Schiff. Was sich allerdings zwischen den Wänden einer Kabine abspielt, das weiß der liebe Herrgott allein! He … Bei all den Frauen, die mir nachgelaufen sind, wäre das auch was für mich gewesen! Das meine ich natürlich nicht ernst … Ich glaube, dass zu einer Frau wie Karin ein treuer Mann, der sie begehrt, verwöhnt und bei dem sie sich verstanden fühlen kann, viel besser passt als so einer wie der da, kalt, gleichmütig, berechnend. Nein, sie würde mich niemals verlassen, und selbst wenn, dann ginge sie nicht mit so einem Gigolo. Was meinst du, was finden die Frauen an so einem?«

»Wen meinst du – den Koch?«

»Ich verstehe ja, Höflichkeit und Komplimente gefallen jeder verheirateten Frau, aber was findet eine moderne, emanzipierte Frau wie Karin an so einem Trampeltier? Ich begreife es nicht! Also, das ist jetzt keine

116

Eifersucht … Aber so tanzt man doch nicht den ganzen Abend vor den Augen seines Ehemanns herum!«

»Aber warum hast du dann nicht mit ihr getanzt?«

»Du hast ja recht … Aber wenn ich lieber an der Bar sitze und einem Freund Gesellschaft leisten möchte? Das kann doch kein Vorwand sein, um zwischen den Beinen des erstbesten Kerls durchzuschlüpfen!«

»Also entschuldige, Helmut, aber ich begreife nicht, wofür deine Frau sich rechtfertigen sollte. Das war doch nur harmloser Rock'n'Roll!«

»Sie muss mir das trotzdem nicht antun. Das ist ein sinnloses Vergnügen, sie muss sich doch nicht so gehenlassen! Und hast du mal gesehen, wie sie zusammen Tango getanzt haben? Oh, mein Gott, bin ich schon wieder zu eifersüchtig? Was meinst du, hat sie das heute Abend mitbekommen?«

Ich sitze auf einem Holzhocker in einer Bar auf einem Luxuskreuzer, umgeben von lauter Verrückten. Warum kommen bloß alle zu mir? Gibt es denn hier niemand Normales? Okay, ich habe mein ganzes Leben gebraucht, um die Menschen zu verstehen und zu lernen, dass man immer zu jedem freundlich sein soll, auch zu seinem ärgsten Feind. Aber warum kommen immer alle zu mir? Erst der frauenfeindliche Professor, dann der Maître Stockfisch, und jetzt noch ein eifersüchtiger Schrotthändler. Schön, Helmut ist ja ganz nett, und er leidet wirklich. Er gehört zu den Menschen, die vierfach leiden: weil er eifersüchtig ist, weil er sich deshalb Vorwürfe macht, weil er fürchtet, dass seine Eifersucht früher oder später jemandem weh tun könnte, und weil er darunter leidet, ausgeschlossen zu sein.

Mit feuchten Augen gesteht mir Helmut schließlich, dass er nicht immer so war, seine krankhafte Eifersucht begann an einem grauen Samstag im letzten Sommer, als Karin ihm beichtete, dass sie ihn betrogen hat. Er hat ihr vergeben, doch gegen die Eifersucht ist er machtlos.

»Aber verrat das bitte nicht deiner Jutta …«

Ich beruhige ihn und begleite ihn noch bis zu seiner Kabinentür. So was, gestern Abend beim Galadinner hatten die beiden auf mich einen ganz anderen Eindruck gemacht, sie schienen so ein glückliches Paar zu sein. Und er wirkte so selbstsicher.

Jutta und Karin sitzen jetzt bestimmt schon im Bus nach Mamalluca. Ich umarme ihn und klopfe ihm aufmunternd auf die Schulter, dann gehe ich zu meiner Kabine. Im Flur begegnet mir die Hostess aus dem Schwimmbad, die jetzt eine Admiralsuniform trägt. Sie zwinkert mir zu, und als sie an mir vorübergeht, salutiert sie mit der Hand an der Mütze. Ich drehe mich nach ihr um. Sie hat einen extrakurzen Rock an mit einem auffälligen Reißverschluss über dem Hintern. Tja, denke ich: Eine sexy Krankenschwester ist nichts ohne ein Stethoskop, ein Zimmermädchen kann nicht aufreizend sein ohne ihren Staubwedel, eine Polizistin ist nicht provokativ ohne Handschellen. Und eine Admiralin, was hat die? Die muss eben einen solchen Rock tragen.

»Entschuldigung … Sie haben da etwas verloren.«

Jetzt dreht auch sie sich um und kommt wieder zu mir zurück.

»Vielen Dank, wie unaufmerksam von mir!«

Es ist eine Chipkarte mit einem Kompass darauf, dessen Pfeil auf die Kabinennummer weist: 101.

Aufpassen, Bruno, sonst kommst du noch vom Kurs ab!

5. TAG

Sternwarte in Mamalluca und die große Zaubergala
Jutta

Bruno hat tatsächlich keinerlei Anstalten gemacht, mich zu begleiten. Es geht ja gar nicht darum, ob diese Sternwarte nun wirklich so sensationell ist, aber vor langer Zeit hatten wir beide diesen Ausflug vereinbart, und nun zieht er aus lauter Männersolidarität die Gesellschaft seines neuen Freundes Helmut vor. Ich bin ernsthaft gekränkt und auch ein wenig verstört wegen seiner Prioritäten. Da kommt mir der Rat des heutigen Tages gerade recht:

ENTSPANNE DICH, LASS DAS STEUER LOS, TRUDLE DURCH DIE WELT, DENN SIE IST SO SCHÖN. Recht hat er, der Kurt Tucholsky, und genau das werde ich jetzt tun. Nur nicht trudeln, sondern mit dem Reisebus auf 1200 Meter hinauffahren, wo ich wie angekündigt in die ferne Welt der Sterne eintauche, um ihr in dieser Nacht ein Stückchen näher zu kommen.

Karin kommt, in eine dicke Daunenjacke gehüllt, was ich für ein bisschen übertrieben halte, mit ziemlich mieser Laune zum Sammelplatz an der Rezeption. Sie meint, sie brauche jetzt ganz viel Wärme, nachdem gerade vorhin der Wind so kalt geblasen hätte. Sie bedauert, dass Helmut nicht mitkommt.

»Bestimmt gibt es in Mamalluca eine Abschussrampe, dann könnte ich ihn geradewegs von dort auf den Mond schießen«, sagt sie mit finsterer Miene.

»Vielleicht gibt es ja zwei Plätze in der Rakete, dann setz ich Bruno gleich daneben«, antworte ich, und wir müssen beide lachen. Ich lege ihr Tucholskys Empfehlung ans Herz, und kurz darauf sitzen wir schon ein wenig vergnügter im Bus. Als dann auch noch der Chefkoch einsteigt und ihr einen freundlichen Blick zuwirft, erhellt sich ihre Miene umso mehr. Na, na, na, Helmut wird doch nicht etwa Grund für seine Eifersucht haben, denke ich mir, sage aber besser nichts.

Der vollbesetzte Bus trudelt in der Tat so steile Serpentinen aufwärts, dass einem übel werden könnte. Da es draußen stockfinster ist, kann man leider gar nichts von der Landschaft sehen und auch keine Sterne, weil die Scheiben total schmutzig sind. Ich drücke meine Nase ganz fest gegen das Fenster und blicke hinauf in den Himmel. Die Reiseleiterin schaltet das Licht im Bus aus und erklärt, dass wir gerade durch das Elqui-Tal fahren, weitab von jeglichem störenden Licht der Städte. Das Tal ist weltberühmt für seine klaren Nächte, insgesamt 300 im Jahr, und deswegen befinden sich gleich drei der international wichtigsten Observatorien hier. Noch kann sie leider nicht sagen, wie klar die heutige Nacht wird, aber sie ist sehr zuversichtlich. Karin und ich beschließen, es ihr gleichzutun. Vorsichtshalber, damit die schlechte Laune nicht zurückkommt.

Klar und frisch ist die Luft, als wir aussteigen, und es ist unheimlich dunkel. Über uns breitet sich ein schier unendliches Sternenfeld aus. Bis alle ausgestiegen sind und sich um die Reiseleiterin gruppiert haben, lege ich mich auf ein kleines Mäuerchen und schaue zum Firmament. Gott, ist das schön, welche Schöpfung zeigt sich da! Ich habe einmal gelesen, dass viele dieser Sterne schon lange verglüht sind, und wir nehmen sie nur noch wahr, weil sie so viele Tausend Lichtjahre entfernt sind. Der Sternenhimmel hier in Chile ist ganz anders als der in Deutschland, und ich bin schon ganz gespannt.

Meine Augen suchen in der Dunkelheit nach Karin, die ich jedoch in der Menge der anderen Gäste nicht ausmachen kann. So schlendere ich, als sich die Gruppe in Bewegung setzt, mit nach oben gewandtem Blick langsam hinterher. Ich kann mich einfach nicht von diesem funkelnden Margeritenteppich über mir lösen. Zu schön ist er!

Leider steht nur das eine Observatorium für die Öffentlichkeit zur Verfügung, und es gibt auch nur ein Teleskop, leider, das kleinste von den hier installierten. Das verkündet uns die Reiseleiterin, als wir am Ziel sind. Wir fühlen uns verarscht. Es ist immer das Gleiche! Erst machen sie einem den Mund wässrig, und dann wird kaum etwas von den Versprechungen eingelöst.

Also stapft die Gruppe dicht gedrängt den Berg zum Observatorium hinauf, wo wir in drei Gruppen aufgeteilt werden. Mir ist das zu blöd. Ich stelle mich ganz hinten an und beschließe, mich ins All zu träumen. Vielleicht lichten sich ja, bis ich drankomme, die Wolken, die, wie die Reiseleiterin sagt, leider heute am Himmel zu verzeichnen sind.

Als meine Töchter klein waren, hatte ich über viele Jahre eine Almhütte gemietet, und dort bin ich abends immer, wenn sie schon im Bett lagen, noch einmal mit den Hunden eine Runde gegangen. Die Hütte steht in 1700 Meter Höhe, und dort war es total still und stockfinster, so wie hier. Die Nächte waren kühl, und in der Luft lag der würzige Duft, der von den Wiesen aufstieg. Stundenlang hätte ich dort in den Himmel schauen können. Diese Erinnerung steigt in mir auf, während

121

ich mir ein Plätzchen suche, von dem aus ich nach einer mir bekannten Sternenkonstellation Ausschau halten kann.

Ein deutsch sprechender Sternkundler erklärt uns freundlicherweise hier draußen die Sternbilder und Galaxien. Noch nie habe ich die Milchstraße so klar gesehen. Wie ein riesiger weißer Fluss, in dem es von Fischen nur so wimmelt, sieht sie aus. Im Observatorium führt eine Wendeltreppe hinauf zu einem gewaltigen Teleskop. Das bestimmt zwei Meter lange Fernrohr mündet in einer großen runden Öffnung in der Kuppel. Mit Hilfe eines Computers kann man das Teleskop in die gewünschte Himmelsrichtung drehen, um so bestimmte Sterne anzuvisieren. Wir bekommen als Erstes den Mars zu sehen. Mars, der Gott des Zorns, des Streits, dieser Bursche sieht durch das Rohr so harmlos klein und unbedeutend aus, noch dazu von besagten Wolken verhangen, was für eine Enttäuschung! Als Nächstes sehen wir den Saturn. Während ich warte, bis ich an die Reihe komme, werde ich ganz aufgeregt. Der Saturn scheint heute keinen Schleier zu tragen, sondern ausschließlich seinen Ring. Und tatsächlich, ich sehe ihn! Wie so oft von Kinderhand gemalt, unwirklich und doch so deutlich sichtbar in Gelbgold steht er mit seinem Ring am Himmel! Ich fasse es nicht, glaube zunächst, eine Zeichnung zu sehen. Wie wunderschön er ist! Vielleicht werde ich ihn nie wieder so sehen. Er ist so eigenständig, so ganz anders als alle anderen Planeten! Wie schade, dass er so weit weg ist, da möchte ich gerne mal hinfliegen. Hinter mir entsteht Gedrängel, auch andere möchten das Wunder bestaunen, und so muss ich Platz machen. Allein wegen des Saturns hat sich diese Reise schon gelohnt! Zum Abschluss zeigt man uns eine erst kürzlich entdeckte Sternenkonstellation, die ausschließlich von diesem Ort aus zu sehen ist. Phantastisch! Ein mit Millionen Sternen gefüllter Trichter, der circa 15 000 Lichtjahre entfernt ist. Solche Entdeckungen ermutigen die Astronomen, weiterzuforschen und offen zu sein für Neues. Es gibt nirgendwo einen Anfang oder ein Ende des Universums, es ist in seiner Unendlichkeit um uns herum. Auf welchem Kontinent ich auch stehe, immer ist über mir das Universum, und immer sieht es auch anders aus. Selbst wenn unsere Erde ein so außergewöhnlicher Planet mit einem sich immer wieder selbst regulierenden System ist, mit einer unvergleichbaren Zusammensetzung von Atmosphäre, Wasser und Boden, die unser Leben überhaupt möglich macht, möchte ich niemals so anmaßend sein zu glauben, dass wir einmalig sind. Darum kreisen meine Gedanken, als ich wieder in den Bus einsteige, der uns zurückbringt. Jetzt merke ich, wie müde und erschöpft ich bin. Das sind sicher die grandiosen Eindrücke, aber es ist mittlerweile auch vier Uhr morgens, und über eine Stunde Fahrt liegt noch vor uns, bis wir in unsere Kojen schlüpfen können.

Karin plumpst in den Sitz neben mich. Es habe ihr ganz toll gefallen, und sie habe auch noch ganz lange draußen gestanden und die Sternlein angesehen, mit dem Koch, kichert sie und schaut mich vielsagend an.

»Recht hast du«, sage ich und schließe meine Augen, als sich der Bus endlich in Bewegung setzt.

Der Tag bricht bereits an, als wir die Poseidon erreichen, und ich verkrümle mich so schnell ich kann in meine Kabine, wo Bruno tief und fest schläft.

Tagsüber schlafen war noch nie mein Ding, und so wälze ich mich mehr oder weniger im Bett herum, bis mich das laute TUUUUT der Schiffssirene, die die Abfahrt der Poseidon aus dem Hafen von Coquimbo ankündigt, endgültig aus den Federn wirft. Irgendwie ist es komisch, dass sich Bruno, seit er morgens aus dem Zimmer geschlichen ist, nicht hat blicken lassen. So mache ich mich fertig, setze mir einen Hut und eine dunkle Sonnenbrille auf, man weiß ja nie, wem man begegnet, und begebe mich an Deck – sowohl auf der Suche nach ihm als auch nach etwas Nahrhaftem, denn mir knurrt der Magen. Bruno ist nirgends zu sehen, vielleicht ist er im Swimmingpool unter Deck, da wollte er unbedingt hin, weil er dort alleine schwimmen kann. Na ja, er wird schon auftauchen, und da das Buffet gerade abgebaut wird, hechte ich zum Spaghettitopf, um wenigstens noch etwas in den Magen zu bekommen.

Während ich mich anschließend auf einer Liege einem kleinen Schläfchen hingebe, taucht mein leicht verstörter Lebensgefährte auf. Er tischt mir eine so hanebüchene Geschichte von Im-Wellnessbereich-eingesperrt-Sein und komplizierter Befreiung auf, kein Mensch hätte ihm geholfen usw., so dass ich ernsthaft an ihm zweifle. Schon einige Male wollte ich mit ihm über seine Ängste sprechen, die ihn immer wieder in absurde Lebenskrisen bringen, aber jedes Mal lehnt er lachend jegliches Gespräch ab, egal ob mit einem Therapeuten oder mit mir. Er würde halt gerne Brunatas (so nennt er seine kleinen Abenteuer) erleben, und dann hätte wenigstens ich was zu lachen. Ehrlich gesagt würde ich wesentlich lieber auf diese Brunatas verzichten und dafür etwas entspannter mit ihm leben. Eingeschlossen zu sein, sei für ihn das Schlimmste, meint er, da kann ich ihm nur beipflichten. Aber vielleicht wäre es ja nicht passiert, wenn er, bevor er ins Schwimmbad gegangen ist, jemanden vom Wellnessbereich informiert hätte. Aber richtig zuhören oder genau hinsehen sind nicht Brunos Stärken. Er hängt lieber seinen Gedanken nach, und außerdem kann er sich grundsätzlich nur einer Sache zur gleichen Zeit widmen. Schwimmen und gleichzeitig zuhören geht nicht. Er hat von seiner Freundin Susana die Adresse einer Schamanin bekommen, und falls sie Zeit hat, wenn wir dort sind, würde er sich behandeln lassen.

»Wogegen denn?«, frage ich ihn. »Gegen Kopflosigkeit?«

»Du bist gemein«, protestiert er, »gegen Angstzustände natürlich, denn da kommt doch alles her.«

Nun gut, denke ich mir, besser, als nichts dagegen zu tun. Warten wir es ab, ob sie überhaupt Zeit hat. Falls ja, lass ich mir meinen Heuschnupfen und meine Katzenallergie noch mal besprechen. Vor Jahren habe ich es einmal machen lassen und war darauf lange Zeit von diesen Allergien befreit. Ein ganz neues Lebensgefühl! Endlich konnte ich wieder unbeschwert im Frühling radeln und auch mal eine Freundin mit Katze besuchen, ohne gleich wieder nach einer halben Stunde mit juckendem Hals flüchten zu müssen. Leider kam die Allergie zurück, und seitdem bin ich wieder auf der Suche nach einer Besprecherin, die andere ist nicht mehr erreichbar.

Er sei jetzt total erschöpft und müsse sich ausruhen, meint Bruno.

»Könntest du dir vorstellen, dass du das ausnahmsweise mal an meiner Seite machst?«, frage ich meinen Schatz.

»Nichts lieber als das«, gibt er zurück, allerdings brauche er noch ein paar Dinge aus der Kabine, er käme gleich wieder.

»Wenn du in zehn Minuten nicht im Stuhl neben mir liegst, rede ich für den Rest der Reise nur noch das Nötigste mit dir«, drohe ich ihm.

Man mag es kaum glauben, aber wir liegen tatsächlich kurz darauf händchenhaltend und entspannt in unseren Deckchairs und segeln in unsere Träume. Die Poseidon schaukelt sanft auf den Wellen, eine angenehm lauwarme Brise weht uns um die Nase, und momentan kann ich mir nichts Schöneres vorstellen.

Heute Abend steigt die große Zaubergala!! Ich habe Bruno verschwiegen, dass Adrian mich zersägen will. Es soll eine Überraschung werden! Beim Abendessen sind auch Helmut und Karin, die beide am Nachmittag wie vom Meer verschluckt waren, wieder versöhnt und bester Laune. Helmut betont immer wieder, welch guten Freund er in Bruno gefunden habe und dass die wertvollen Gespräche mit ihm so geholfen hätten, denn Männer hätten es halt einfach schwer mit Frauen. Die kann Mann manchmal einfach nicht verstehen, Bruno habe ihm da ja recht gegeben. Er, Helmut, trage seine Karin auf Händen, aber ihr ständig die Sterne vom Himmel zu holen gehe einfach über seine Kräfte. Karin und ich beschließen, darauf einfach nichts zu sagen und uns besser nicht vorzustellen, wie die beiden Herren angesichts unserer Größe und unseres Gewichts ächzen und stöhnen würden, müssten sie uns wirklich ein paar Meter tragen.

Der Ballsaal, in dem die Vorführung heute stattfindet, ist noch so gut wie leer, als wir nach dem Abendessen dort eintreffen. Wir setzen uns in die erste Reihe

an einen Tisch in der Mitte, denn ich will ja nichts
versäumen, und zur Feier des Tages bestelle ich mir
ein Glas Champagner. Gut, dass wir so rechtzeitig da
sind, denn wenig später füllt sich der Saal. Die Kellner
wuseln zwischen den Tischen und Reihen hin und her,
um noch rechtzeitig vor Beginn der Show die Getränke
zu servieren. Adrian beginnt mit ein paar Kartentricks,
danach folgt ein Spiel mit Zahlenkombinationen, die
er sich unmöglich merken kann und die dann plötzlich
auf Zetteln stehen, die verblüffte Gäste in der Hand
halten. Egal, wie oft ich solche Tricks sehe, ich habe
keine Idee, wie sie funktionieren. Naiv wie ein Kind
betrachte ich die Illusionen und bin verzaubert. Eigentlich will ich auch gar nicht wissen, wie es geht,
ich will gar nicht desillusioniert werden. Alles soll ein
Spiel bleiben, das ist ja gerade das Schöne daran. Der
Drang der Menschen, sich alle Bereiche zu erobern,
immer alles im Griff haben zu wollen, entwöhnt den
Geist für Inspiration. Hätte ich keine Inspiration mehr
im Leben, schliefen meine Sinne ein. Da ich jedoch
schrecklich neugierig bin, sind auch meine Sinne bereit.
Ich will und kann staunen! Gleich werden auch Bruno
und unsere Freunde staunen und wahrscheinlich auch
ich, denn ich habe keine Ahnung, wie Adrian mich
zersägen will. Auf einmal wird Bruno von Adrians Assistentin, die im wirklichen Leben seine Ehefrau ist, auf
die Bühne geholt. Ich bin enttäuscht, hatte er doch versprochen, mich zu verzaubern.

Bruno wird zusammen mit der Assistentin in einen
senkrecht stehenden Kasten gesetzt, die Assistentin wird
gefesselt, so dass sie sich nicht bewegen kann. Dann wird
der Kasten geschlossen. Sekunden später ist Bruno, nun
ohne Jackett, im Kasten zu bewundern, während die

Dame noch in ihren Fesseln ausharrt. Aber: Sie trägt nun sein Jackett!! Großer Applaus, alle drei verbeugen sich, ich bin verblüfft. So schnell ging alles! Wie ist das möglich?! Bruno kommt zurück an unseren Tisch.

Adrian und seine Assistentin zeigen weitere kleinere Zaubertricks, und ich frage Bruno ein Loch in den Bauch. Er wüsste nicht, wie es funktioniert, es wäre so schnell gegangen, er hätte lediglich ein kurzes Zerren an seinen Ärmeln gespürt. Ich glaube ihm nicht.

»Wann hast du denn mit Adrian den Trick ausprobiert?«, will ich wissen. Doch bevor ich weiter in ihn dringen kann, holt mich Adrian auf die Bühne. Also doch! Bruno staunt! Ich weiß gar nicht, was ich machen soll. Adrian bedeutet mir, mich in einen waagrechten Kasten zu legen. Ich folge ihm und stelle fest, dass ich schon mal bequemer lag … Irgendetwas sticht mich an der Seite. Die Kiste wird verschlossen, und nur mein Kopf und meine Füße ragen heraus.

»Bitte wackeln Sie doch mit dem Köpfchen und den Füßchen, damit unsere Zuschauer sehen können, dass Sie noch leben«, bittet mich der Zauberer. Die Assistentin lächelt, also lächle ich auch, das ist wohl üblich bei uns Illusionisten. Adrian setzt eine gewaltige Kreissäge in Gang, die sich langsam, aber stetig durch den Kasten bohrt. Für Sekunden spüre ich, bevor sie durch sind, dass etwas an meinen Beinen und meinem Hinterteil manipuliert wird und mein Körper sich verbiegt, aber bevor ich kapiere, was mit mir geschieht, bin ich schon in zwei Teile zersägt, und ich kann nichts mehr sehen, da ich ja im Kasten bin. Dann werde ich umgedreht, und Sekunden später zerrt wieder etwas an meinen Beinen, ein Tuch wird von meinem Gesicht gezogen und die Abdeckung über mir geöffnet. Ich weiß nicht, wie mir geschieht. Man hilft mir, die Kiste zu verlassen, und zu meiner und auch der Verblüffung aller bin ich vollkommen heil. Kein Kratzer, keine Wunde – wo ging denn die Säge durch?

Beim heiligen Illusionistengott, ich habe keine Ahnung!!

Ein Tag voller Überraschungen!
Bruno

Mir geht es unglaublich gut. Bislang war mir noch nicht einmal übel, nicht das geringste Magenbeben wegen der rollenden See, und auch vom Sonnenbrand spüre ich so gut wie nichts mehr. Vielleicht liegt es an Juttas Quarkwickeln, vielleicht habe ich auch einfach nur ausreichend getrunken, auf jeden Fall hat sich die Haut erneuert, wo sie Blasen geschlagen hat und abgeblättert ist, nur ab und zu juckt es noch an manchen Stellen, wo es mich am stärksten erwischt hat. Ich werde mich auch heute überwiegend im Schatten aufhalten und habe mir dafür schon ein schönes, luftiges Plätzchen auf Deck E ausgeguckt, rein zufällig direkt neben einem Rettungsboot. Dort kommt so gut wie niemand vorbei, und ich kann in aller Ruhe das Meer genießen.

Schläfrig sehe ich mich nach Jutta um und stehe, noch in einer Art Trance, auf, während ich versuche, so wenig Lärm wie möglich zu machen. Ein bisschen merke ich schon, dass ich gestern mit Helmut munter getrunken habe; da fällt mir ein, dass wir ja großartige Pläne für heute geschmiedet haben – doch aus denen wird wohl leider nichts werden, denn auch in unserer durchgeplanten Zeit lassen sich die Elemente nicht hundertprozentig vorhersagen, und so soll das Schiff, wie ich den Bordnachrichten entnehme, etwas früher auslaufen, und wir verbringen den Tag überwiegend auf See. Ich habe Jutta gehört, als sie so gegen halb sechs hereinkam, praktisch schon im Morgengrauen. Sie wird bestimmt nicht vor Mittag aufwachen. Am Buffet im Restaurant bewundere ich die riesige Auswahl an Marmeladen, Croissants, Joghurt und Käse. Ich ergattere noch einen freien Tisch am Fenster. Die Sessel sind breit und gut gepolstert, und ich habe jede Menge Beinfreiheit. Doch dann nicht mehr. Ein übergewichtiges Bleichgesicht hat sich soeben auf dem Sessel mir gegenüber niedergelassen, sein Notebook geöffnet und drückt nun mit seinen Knien gegen meine. Bestimmt ist das wieder so ein geschwätziger Typ, der gleich ein Gespräch mit mir anfangen will. Himmelherrgott, begreift denn hier eigentlich niemand, dass ich nur in Ruhe frühstücken will?

»Schöner Tag heute, nicht«, geht es schon los.

»Hmm …«

Er seufzt, vielleicht hat er begriffen, dass ich keine Lust auf eine Unterhaltung habe. Aus dem Augenwinkel heraus sehe ich, wie er keuchend in das klassische deutsche Würstchen beißt, während er eine Partie Sudoku beginnt.

»Ach, mir fehlt meine Bockwurst mit Senf.«

Ob er aus Erfurt ist? Aus Thüringen? Egal, wenn er meint, so meine Neugier zu wecken und mich aus der Reserve zu locken, dann hat er sich aber geschnitten. Da höre ich hinter mir ein leichtes Hüsteln. Ich drehe mich um und erkenne die Krankenschwester von Dr. Schmitz, die sich zu Beginn der Reise so hingebungsvoll um mich gekümmert hat.

»Herr Heinz, Sie müssen unbedingt sofort wieder auf die Krankenstation, wenn Sie keinen Infarkt riskieren wollen!«

Zunächst verstehe ich gar nicht, was sie meint. Sie sieht nicht glücklich aus. Doch da fällt mir ein, dass es vorhin am Buffet ein wenig Aufregung gegeben hat, weil ein Passagier mit dem Tablett in der Hand umgekippt ist und auf die Krankenstation gebracht wurde, von dort aber wieder ausgebüxt ist. Messerscharf wie Sherlock Holmes schließe ich, dass es der Herr mir gegenüber sein muss. Mit Unterstützung einiger Kellner löst die Schwester die Situation äußerst diskret auf. Doch vorher versorgt sie mich noch mit einigen Details, die mir den armen Kerl schlagartig sympathisch machen. Der Mann hat schon länger Herzprobleme und muss unbedingt auf sich achtgeben und sich schonen. So bleibe ich allein zurück und habe ein ziemlich schlechtes Gewissen, weil ich ihm nicht zugehört habe. Vielleicht hat ihm genau das gefehlt. In der Eile hat er sogar sein Notebook auf dem Tisch liegenlassen. Er konnte bloß noch sein Sudokuprogramm schließen, so dass jetzt nur noch der Bildschirmschoner zu sehen ist. Er zeigt das Bild eines heruntergekommenen, abgewrackten Katamarans, der an irgendeinem tropischen Strand vor sich hin dümpelt, und im Hintergrund verläuft ein Schriftzug: »Der Wind vertreibt die Wolken …« Wer hätte das gedacht? Sollte Herr Heinz ein Abenteurer gewesen sein?

Jetzt brauche ich unbedingt ein entspannendes Bad, also auf zum Spa, wo es, wie ich erfahren habe, ein Kaltwasserbecken gibt, was für meinen mittlerweile gutverheilten Sonnenbrand bestimmt das Beste ist. Wie schön, niemand da! Kein Wunder, bei dem herrlichen Wetter sind alle draußen! Aber ich finde es wunderbar, so bin ich völlig ungestört. Ich plansche mehr als eine halbe Stunde im Wasser herum und lasse mich auch von den Unterwasserdüsen massieren. Der Mann von vorhin und sein Bildschirmschoner gehen mir allerdings die ganze Zeit nicht aus dem Sinn. Was will dieser Satz, der mich zu verfolgen scheint, mir eigentlich sagen?

Das Wasser ist eisig kalt. Ich klappere schon mit den Zähnen, fehlt nur noch, dass ich mir eine Erkältung hole. Vorsichtshalber ziehe ich ein paar Bahnen, um wieder warm zu werden, und tatsächlich, es wirkt! Das Schwimmen tut mir richtig gut.

Plötzlich höre ich einen dumpfen Laut. Die Düsen an den Wänden und die Saugklappe an dem einen Beckenende beginnen zu vibrieren, das Licht im Raum geht aus, und ich höre, dass die Brandschutztür geschlossen wird. Das alles geschieht im Bruchteil einer Sekunde, und genauso lange brauche ich auch, um zu realisieren, was gerade passiert ist: Da hat einer den Abfluss geöffnet, den Hauptschalter umgelegt und den Raum verlassen, ohne nachzusehen, ob noch jemand dort ist. Der Wasserspiegel sinkt allmählich. Schnell klettere ich aus dem Becken und renne zur Tür. Verflucht! Das ist eine von diesen Sicherheitstüren, die nur von außen zu öffnen sind.

Es ist stockdunkel, na ja, fast, die Notbeleuchtung brennt noch. Ich gerate in Panik, mein Blut ist mir in die Füße gesackt. Ich versuche, die Lage rational anzugehen: »Na gut, es ist dunkel, aber wenigstens kann mir nicht die Luft ausgehen«, doch dann erst wird mir klar, dass erstens niemand – am allerwenigsten Jutta – weiß, dass ich hier bin, und zweitens zwischen dem Spa und dem nächsten Deck mindestens zwei Treppen liegen, was bedeutet, dass, selbst wenn ich mir jetzt die Seele aus dem Leib schriee, mich niemand hören würde. Natürlich hat das Spa keine Fenster. Ich sehe nur eine kleine Glastür und in der Decke eine Luke, die mit einem Haken verschlossen ist. Ich würde ja sogar versuchen, das Glas mit meinem Ellenbogen einzuschlagen, um dann meine Hand durchzustecken und sie zu öffnen, aber selbst das würde nichts nutzen, weil der Rahmen in so kleine Quadrate eingeteilt ist, dass meine Hand nicht einmal durchpassen würde. Mir bleibt also bloß die Luke in der Decke, wo bestimmt die Schächte der Stromversorgung entlanglaufen. Aber wie komme ich ohne Leiter dort hinauf? Da kommt mir die Erleuchtung: Ich stapele alle Liegen, die hier im Wellness-Bereich um das Becken stehen, aufeinander, immerhin so um die zwanzig Stück, und klettere dann ganz vorsichtig balancierend auf diesen Turm. Dann mache ich mich am Haken zu schaffen, kämpfe mit dem Verschluss, als hinge mein Leben davon ab, aber schließlich habe ich es geschafft, und die Luke lässt sich tatsächlich öffnen. Es stinkt nach Gummi, Spinnweben kitzeln mich im Gesicht, aber todesmutig schiebe ich sie beiseite und stecke den Kopf in die Öffnung. Selbstverständlich sehe ich so gut wie gar nichts, bis auf silbergrau glänzende Rohre. Ich rufe so laut ich kann und hoffe, dass das Echo meiner Stimme irgendwo in diesem Schiff wieder aus dem Versorgungsschacht hallt:

»HIIIILFEEE! HIIIILFEEEE! ICH BIN IM SPA EINGESCHLOSSEN WORDEN!«

Ich merke, wie die Liegen unter mir bedenklich wackeln. Wenn ich da hinunterplumpse, breche ich mir mit Sicherheit alle Knochen. Also treffe ich blitzschnell eine Entscheidung: Die Luke ist groß genug für mich, und ganz sicher führt dieser Schacht irgendwohin. Ich hieve mich mit einem Satz vollständig hinein und höre keine Sekunde später, wie der Stapel Liegen krachend hinter mir in sich zusammenfällt – dieser Rückweg ist mir also versperrt! Autsch, mein armes Kreuz! Auf allen vieren krieche ich vorwärts, taste mich durch die Finsternis, bis ich Licht am Ende des Tunnels sehe und auf einem kleinen Balkon am Heck des Schiffes herauskomme, wo nur eine Schotttür, die durch ein Drehrad verschlossen wird, weiterführt: *Controlled area Crew only*, lese ich.

Ich drehe also an dem Rad, und tatsächlich geht die Tür auf. Auch hier drinnen ist es nicht gerade hell. Ich klettere eine Leiter nach unten und komme in eine Art Lagerraum, wo ich gegen etwas stoße, was weich und hart zugleich ist. Vielleicht ein Sack oder eine Rolle mit Tauen? Während ich mich vorwärtstaste, bekomme ich auf einmal einen Riesenschreck: Ich habe gerade eine andere Hand berührt!! Wer lauert mir da auf?!? Sie ist nicht warm wie meine und fühlt sich bei längerem Betasten mehr nach einem Plastikhandschuh an … Ich brauche allerdings ein Weilchen, bis mir aufgeht, dass sie zu niemandem, weder Geist noch Leiche, gehört, sondern nur aus Kunststoff ist. Gott sei Dank! Mir fällt ein Stein vom Herzen, und ich taste ihren Arm entlang … Oh, es geht noch weiter … hoch zur Schulter … noch weiter bis zu einem Hals … und auf dem Hals sitzt ein Kopf. Es ist eine Puppe! Ich springe auf und erkenne im Zwielicht ein Poster an einer Kiste:

THE AMAZING ADRIAN
The man
no jail
can hold!

Als Adrian schließlich irgendwann auftaucht und mich dort mit nichts am Leib außer meiner Badehose vorfindet, schmeißt er sich fast weg vor Lachen.

In dem Bewusstsein, dass früher oder später der Tag kommt, an dem die Seele den Körper verlassen und sich in eine unbekannte Leere begeben muss, war Adrian stets der Meinung, dass das Einzige, wovon man sich im Leben befreien sollte (und kann!), die physischen und räumlichen Grenzen seien. So ist er in die Fußspuren seines großen Vorbilds Houdini getreten und zu einem gefragten Entfesselungskünstler geworden: spektakulär seine Nummer, wie er sich aus einer Zwangsjacke, einer Kiste oder einem Käfig befreit und jedes Mal an einer anderen Stelle wieder auftaucht.

Seine Frau, immer an seiner Seite als seine Assistentin, ist ebenfalls auf der Poseidon: Sie wird lebendig verbrannt, fällt vor einem großen Spiegel in Ohnmacht, schwebt, und manchmal verliert sie buchstäblich den Kopf. Gerade diese »Enthauptung« ist eine weitere Nummer, mit der Adrian und seine Frau das Publikum verzaubern. Ich bin schon ganz gespannt darauf, ihn heute Abend in der Vorstellung zu sehen. Da wird er sich mit dem abgetrennten Kopf seiner Frau, der zunächst noch auf einem Podest liegt, weiter unterhalten, um ihn dann wieder auf den Körper seiner Frau zu setzen, wie in der vollmundigen Ankündigung im Bordprogramm zu lesen war. Wenn es wirklich so schmerzfrei funktioniert, wie er mir versichert, könnte ich es ja einmal bei Jutta ausprobieren. Na ja, eben dann, wenn sie mal wieder mit mir schmollt. Einfach ZACK!, und dann ist Ruhe im Karton!

Der erste Teil der Vorstellung beginnt mit einer Reihe normaler Zaubertricks, die berühmten Entfesselungsnummern kommen erst später. Adrian verschluckt noch etwa sechzig Nadeln mit geschätzten fünfzehn Meter Faden dran, die er sich dann wieder Stück für Stück aus dem Mund holt (hier wäre Jutta doch beinahe in Ohnmacht gefallen).

Nun tragen die Helfer in die Mitte der Bühne eine Kabine, deren Seiten sich wie die Türen eines Kleiderschranks öffnen lassen. Adrian geht selbst hinein, um zu zeigen, dass sie vollkommen leer und ohne doppelten Boden ist. Die Kabine steht auf einem Podest, so dass keine Verbindung zum Boden möglich ist. Er ruft einen Freiwilligen aus dem Publikum zu sich auf die Bühne, rein zufällig bin ich das, entsprechend gekleidet für den Anlass: mit Jackett, aber ohne Krawatte! Adrian reicht mir Seile, damit ich mich höchstpersönlich davon überzeuge, wie fest sie sind; dann fesselt er seine Frau an Armen und Beinen und bittet mich, noch die Knoten zu kontrollieren. Schließlich steckt er uns beide in die Kiste. Wir sind nur ein paar Sekunden für das Publikum hinter den verschlossenen Türen verborgen, dann tauchen wir wieder auf: Ich stehe auf einmal hemdsärmelig da, während seine Frau immer noch gefesselt auf ihrem Stuhl sitzt – aber sie trägt mein Jackett!! Doch damit ist die Vorstellung noch nicht zu Ende. Sobald wir die Kabine verlassen haben, werden die Türen erneut geschlossen. Adrian dreht die Kabine, so dass wir nun auf die Rückseite sehen. Dort ist ein kleines Fenster, auf dem ein weißes Stück Papier befestigt ist. Jetzt wird das Licht gedimmt, und der Zauberer lässt auf dem Papier den Schattenriss eines Kaninchens erscheinen, dann greift er in das Fenster und zieht tatsächlich ein lebendiges Kaninchen hervor. Dasselbe wiederholt er mit einer Ente – wieder entsteht aus einem Schattenbild ein lebendiges Tier!

Dann kommt der Höhepunkt des Abends: die zersägte Jungfrau! Eine große Kreissäge wird auf die Bühne gefahren, und zu meiner großen Überraschung wird nun Jutta auf die Bühne gebeten. Weder Adrian noch

Jutta haben etwas davon erwähnt, und ich weiß, was mein Schatz von solchen Kunststücken hält! Eigentlich ist ihr so etwas gar nicht geheuer! Zu dramatischer Begleitmusik wird Jutta gebeten, sich in eine große Holzkiste zu legen, bei der auf der einen Seite ihr Kopf und auf der anderen ihre Füße herausragen. Dann wird die Kiste geschlossen. Ich flüstere Helmut zu, dass ich ja eine ordinäre Holzfällersäge vorgezogen hätte, weil eine elektrische Säge schon mal versagen könnte, wenn man den Stecker zieht. Er schaut mich entgeistert an; er hat meinen Scherz wohl für bare Münze genommen.

Simsalabim! Die Säge sägt und dreht sich unter den staunenden Augen der Zuschauer immer schneller. Jutta wendet sich dem Publikum zu und lächelt. Doch einen Augenblick später – ZACK! – ist sie mitten durchgeschnitten. Jetzt wird die Kiste in Richtung Zuschauer gedreht. Karin neben mir ist einer Ohnmacht nahe, das Publikum applaudiert begeistert. Die Helfer schieben die beiden Hälften voneinander weg. Jetzt ist Juttas Kopf zwei Meter von ihren Füßen entfernt. Schließlich wird sie unter tosendem Beifall wieder zusammengesetzt.

»Was meinst du, Helmut? Wäre das nicht eine gute Methode, wenn unsere lieben Frauen uns wieder zur Weißglut treiben?«

Die Menge tobt. Allerdings darf ich so viel verraten, dass Adrian sich vorher abgesichert hat. Sowohl ich als auch Jutta haben vor der Vorstellung einen Vertrag unterschrieben, dass wir im Falle eines Unfalls keinerlei Schadensanspruch stellen, außerdem standen Dr. Schmitz und seine Krankenschwester die ganze Zeit parat, um notfalls Erste Hilfe leisten zu können.

Ein ebenso aufregender wie unvergesslicher Abend.

Als Professor Schäufele an unseren Tisch kommt, um sich von uns zu verabschieden (wie immer in Gesellschaft des stummen Peter), kann er uns seine Sicht der Dinge nicht ersparen. Er brennt darauf, von mir den Trick zu erfahren, ja ich bin mir fast sicher, dass er dafür seine Seele opfern würde.

»Auch in der Archäologie findet man Beweise für zersägte und dann wieder zusammengesetzte Körper. Hier in der Nähe, in Cusco in Peru, einem für seine UFO-Sichtungen berühmten Ort ... Am 20. August 1965 wurde hier der Leib eines Humanoiden gesehen, der erst zweigeteilt aus einem scheibenförmigen Objekt stieg und sich dann mit seiner anderen Hälfte vereinigte. Nun ja, das waren ja auch Außerirdische. Wenn ich nicht wüsste, dass die liebe Frau Speidel durch und durch Mensch ist, müsste ich sie glatt für eine Gefährtin von E. T. halten!«

»Wer weiß, Professor, vielleicht ist sie das ja auch, Sie lehren doch schließlich, dass man sich über nichts wundern darf.«

Jetzt kommt Jutta mit Adrians Frau an unseren Tisch zurück, und bald sind wir beim zweiten Glas Pisco angelangt. Jutta strahlt übers ganze Gesicht. Sie hütet ein Geheimnis, das sie niemandem verraten darf (höchstens noch mir später), und das schmeichelt ihrer Eitelkeit ziemlich.

Nach einer zehnminütigen Pause geht es weiter. Der Vorhang öffnet sich für eine Art mittelalterliches Verlies, das in schauriges Dämmerlicht getaucht ist und in dem nur ab und zu schreckliche Folterinstrumente aufblitzen. Zu einem düsteren Trauermarsch setzt sich der ganz in Rot gekleidete Adrian eine Kapuze auf und schwingt ein Henkersbeil. Die maskierten Gehilfen bringen nun die »Verurteilte« herein – natürlich seine Frau. Ihre Hände sind hinter ihrem Rücken gefesselt, und sie windet sich verzweifelt. Man zwingt sie, den Kopf auf den Henkersblock zu legen (oh – hier erkenne ich die weiche Puppe wieder, auf die ich heute bei meiner unfreiwilligen Erkundungstour gestoßen bin, aber ich verrate natürlich nichts!). Adrian-der-Henker hebt das Beil hoch über den Kopf und lässt es auf den Hals des Opfers niedersausen. Der Kopf der Verurteilten rollt über die Bühne. Er wird auf einen Teller gelegt und dem Publikum präsentiert, die ihn sogar berühren dürfen.

»WOW!«

»SCHRECKLICH!«

»Worauf zielen alle Darbietungen und alles, was man Neugier nennen darf, ab, wenn nicht auf die Befriedigung, die Wahrheit zu erkennen und darin anderen überlegen zu sein?«, fragt mich Professor Schäufele.

»Ach, wenn ich das wüsste! Was für eine tolle Nummer!«, sage ich.

»Was ist bewundernswerter und schöner als unser Drang nach Wissen? Wollen wir uns nicht alle betrügen lassen, und brüsten wir uns nicht damit, wenn wir etwas genauer wahrnehmen können als andere?«

»Spielen Sie damit auf mich an, Professor?«

»Nehmen Sie doch nur diesen Zauberer, der im Grunde ja nur ein Betrüger ist, und betrachten Sie ihn genau. Während wir betrogen werden, erfreuen wir uns an der Kunstfertigkeit, mit der er es geschafft hat, uns zu hintergehen.«

»Das stimmt ...«

»Wenn er das nicht könnte, würde ihm keiner applaudieren. Aber wenn jemand hinter den Trick kommt, glaubt er, mehr Beifall zu verdienen als der Künstler, weil er sich nicht hat hinters Licht führen lassen. Zu offensichtlich darf der Trick allerdings auch nicht sein, denn dann wird die Kunst des Zauberers nicht mehr geschätzt.«

»Und was ist die Moral davon? Der Künstler betrügt, um zu unterhalten?«

»Genauso ist es, mein Lieber …«

Schäufele schafft es doch immer, mich in Erstaunen zu versetzen. Mehr noch als ein Zauberer.

6. TAG

Fremde Welten:
Der Lauca-Nationalpark
Jutta

Bereits um 6 Uhr legt die Poseidon im Hafen von Arica an. Immer noch sind wir in Chile, das riesige Land zieht sich endlos an der Küste entlang. Wir müssen uns beeilen, denn sowohl Bruno wie auch ich haben Ausflüge gebucht.

Der Kreuzfahrtdirektor hatte am Ende der Show noch mal die Ausflüge des nächsten Tages angekündigt und darauf hingewiesen, dass die Reise in den Lauca-Nationalpark nichts für Menschen mit hohem Blutdruck und Herzbeschwerden sei. Es gehe innerhalb von 2,5 Stunden vom Meeresspiegel auf 4500 Meter. Im Bus solle man mindestens zwei bis drei Liter Wasser trinken, auf Zigaretten und Alkohol verzichten und beim Frühstück am frühen Morgen nur leichte Kost zu sich nehmen. Dafür werde man aber beim Anblick der Gletscher und Vulkane am Chungarasee reichlich belohnt.

Bruno war sofort in Todesangst verfallen und hatte klargestellt, dass ihn keine zehn Pferde da hinaufbringen würden; zudem verspüre er jetzt doch erste Anzeichen von Seekrankheit, was ihn nicht gerade abenteuerlustiger mache. Auch ich war kurzfristig von dieser Ansprache verunsichert, hatte aber dann für mich beschlossen, dass mir, nachdem ich das Zersägen meines Körpers heil überstanden hatte, so ein Ausflug nichts anhaben könne. Anscheinend bin ich unverwundbar.

Meine einzige Sorge ist, wie ich das viele Wasser im Bus wieder loswerden kann. Denn wenn ich an die gestrige klapprige Variante unseres Gefährts denke, kann ich mich an keine Toilette erinnern.

So kommt es, dass Karin, die sowieso wenig Interesse an Mumien hat – lebende Männer gefallen ihr einfach besser –, mit mir fährt, während die beiden Männer sich mit gesalbten und gewickelten Herrschaften im Azapa-Tal abgeben. Vorsichtig und feige, wie sie sind, sind sie diesem Stadium sowieso näher als wir, finden wir beiden Mädels jedenfalls.

Wow, das saß, aber solche Äußerungen würden sie mit Humor tragen, wenn wir mit Höhenkrankheit zurückkämen, kontern sie beleidigt.

So frühstücken Karin und ich in Windeseile nur einen Obstsalat und etwas Joghurt. Heimlich ein Brötchen einzustecken wäre zu riskant, denn auch hier müssen wir durch den Zoll. Wasser dürfen wir mitnehmen, aber als ich an den Tisch komme, um ein paar Flaschen einzupacken, stehen gerade noch zwei kleine da. Na, im Bus wird es ja sicher Wasser geben, hoffe ich.

Die Mumienfreunde starten eine Stunde später und können noch ausgiebig frühstücken.

Gegen Abend werden wir zurück sein, das Schiff läuft um 19 Uhr aus.

Ich bin aufgeregt, noch nie war ich auf 4500 Metern! Das Höchste war um die 3000 Meter beim Skifahren am Mont Blanc, somit bin ich gespannt! Der heutige Satz stammt von Oscar Wilde und lautet: GIB DER FREUDE AUSDRUCK, UND SIE VERSETZT DICH IN TAUMEL. Ich werde mir dies als Leitsatz einprägen und alles genießen, was auf mich zukommt.

Karin und ich haben Glück, wir finden zwei Plätze

relativ weit vorne im Bus, denn es geht in die Berge, und das bedeutet Kurven. Wenn mir schon schlecht werden sollte, dann von der Höhe, aber nicht von den Kurven. Von meinem Platz aus kann ich gut nach vorne sehen. Unser heutiger Tourguide ist wieder eine Dame, die gut Deutsch spricht, fast meine ich, ein leichtes Sächsisch in ihrer Modulation heraushören.

Die Straße, auf der wir das Hafengelände verlassen, ist vierspurig und frisch geteert. Ein schwerbeladener Lastwagen nach dem anderen kommt uns entgegen, einige Busse, die voller Menschen sind, aber so gut wie keine privaten Automobile. Es ist die einzige Handelsverbindung zwischen Bolivien, Chile und Peru. Bei einem gewaltigen Erdrutsch, den eines der vielen Erdbeben vor Jahren ausgelöst hat, wurde die Bahnstrecke, die vor über 60 Jahren die Andenländer miteinander verband, zu großen Teilen zerstört, und so halten Lastwagenfahrer, die Schichten bis zu 48 Stunden fahren, den täglichen Handel aufrecht. Was müssen die für Lungen haben! Um über die Pässe zu kommen, überwinden sie jedes Mal bis zu 5000 Höhenmeter. Das kann doch nicht gesund sein!

Links von der Straße, die allmählich schmaler und steiler wird, fließt der Fluss Taipicahue, an dem eine nahrhafte Pflanze wächst, die Bofedal Tundra, erklärt uns die Reiseleiterin, und weil diese Pflanze so köstlich schmeckt, können wir hier auch die eher seltenen Vicuñas sehen, die Wildform der domestizierten Alpakas, deren Fell noch seidiger ist und daher die Wolle noch kostbarer. Ich schaue hinaus und sehe gerade mal zwei einsam grasende Ziegen. Na ja! Weit mehr interessieren mich die Zeichnungen auf der rechten Seite in den Felsen. Ich habe vor einigen Jahren ein Buch über Nazcalinien gelesen, diese phantastischen Wüstenzeichen.

Eine Sächsin namens Maria Reiche, die 1903 geboren wurde und eine mutige Abenteuerin war, hat sie entdeckt und widmete sich zeitlebens ihrer Erforschung. Nun frage ich mich natürlich, ob diese merkwürdigen Zeichen hier auf dem Weg auch aus dieser Zeit stammen und was sie zu bedeuten haben. Ich stehe auf und hangle mich nach vorne zu Rosita, unserem Guide. Sie bestätigt meine Annahme und erklärt nun allen, dass man links die berühmten Felszeichnungen sehen kann. Normalerweise hält der Bus hier, so dass man die Zeichnungen von nahem betrachten kann, nur sind wir heute leider ein bisschen spät dran, auf der Strecke gibt es eine große Baustelle, und wenn wir die nicht rechtzeitig passieren, ist sie für den Rest des Tages in unserer Richtung gesperrt. Leider können wir daher nirgendwo halten und müssen so schnell wie möglich nach oben zu den Cotacotani-Lagunen. Dort haben wir immerhin gemütliche 20 Minuten, bevor wir schon wieder die Rückfahrt antreten müssen. Ein Mittagessen in Putre gibt uns dann genug Zeit zum Entspannen.

Na toll, das hatten wir uns aber ganz anders vorgestellt! Leicht angesäuert kehre ich zurück zu Karin. Ob ich auch auf die Toilette müsste, fragt sie mich. Nach dem bisschen Wasser muss ich eigentlich nicht, aber aus Freundschaft und weil Mädchen immer zu zweit aufs Klo gehen, begleite ich sie nach hinten, wo eine Toilettenkabine steht. Karin geht als Erste rein, um sofort wieder herauszukommen.

»Es gibt kein Schloss an der Tür, man kann sie nur anlehnen, geh du zuerst rein, ich pass auf, dass niemand nachkommt.«

Ich bin ja gerne Versuchskaninchen und tue ihr den Gefallen. Ehrlich gesagt sind unsere Dixi-Klos in

Deutschland ansehnlicher, hier ist alles aus Plastik und natürlich ohne fließendes Wasser, unter mir in der Schüssel kann ich die Straße sehen, die vorübersaust. Von Toilettenpapier keine Spur. Tja, da geht nur: Augen zu und durch. Als ich jedoch gerade meine Jeans bis zum Knie heruntergelassen habe, legt sich der Bus abrupt in eine Rechtskurve, und ich fliege, ohne mich noch rechtzeitig irgendwo festhalten zu können, mit heruntergelassener Hose durch die Tür, einem Mann, der im Sessel gegenüber sitzt, direkt auf den Schoß.

Mein Gott, ist das peinlich! Ich schreie vor Schreck kurz auf, fliege jedoch in der nächsten Sekunde zurück ins Klohäuschen, da sich der Bus in eine Linkskurve legt. Alles geht so schnell wie in einem Slapstickfilm. Ich höre, wie sich Karin an die Toilettentür schmeißt und ruft:

»Alles in Ordnung, lebst du noch?«

Ja, schon, aber ich verlasse dieses Klo nicht mehr, bis ich wieder am Schiff bin! Ich könnte im Boden versinken vor Scham. Alle hätten ja meinen Po sehen können, o mein Gott, ist mir das peinlich!

Karin, dieses Miststück, lacht sich vor der Tür halb tot. Sie kriegt sich überhaupt nicht mehr ein. So muss ich irgendwann auch lachen und komme heraus. Jetzt lacht der ganze Bus und applaudiert auch noch.

»Das war zirkusreif«, meint der Herr, den ich beglückt habe. Mit hochrotem Kopf kehre ich zu meinem Platz zurück. Karin sagt, sie würde lieber alles zusammenzwicken, als auch einen solchen Salto zu machen. Ich knuffe sie gehörig in die Seite. Der Hintern ist ja bekanntlich der beste Clown. Die Stimmung im Bus hat sich radikal verändert. Man ist nun redselig, wahrscheinlich erzählt jetzt jeder jedem irgendeine Klogeschichte, und es wird viel gelacht. Na, mir soll es recht sein.

Jetzt sind wir bei besagter Baustelle angekommen. Steil geht es links hinunter, unmöglich, auch nur irgendeinem entgegenkommenden Auto auszuweichen. Rosita meint, zehn Minuten später, und wir hätten nicht mehr durchfahren können. Der Busfahrer entschuldige sich daher für seine schnelle Fahrweise, die wohl einigen ein paar Unannehmlichkeiten bereitet hätte. Sie sagt das in Hinblick auf die Spucktüten, die einige Passagiere vor sich halten.

Weiter geht es bergauf, an phantastischen Lagunen entlang, deren Wasser smaragdgrün in der morgendlichen Sonne glitzert. Alpakas, Vicuñas, Ziegen, Schafe, auch Pferde und Kühe sind in dieser Höhe zu sehen. Wir haben bereits die 3000-Meter-Grenze überschritten. In meinem Körper kann ich nichts Außergewöhnliches feststellen. Als sportlicher Mensch und Skifahrerin scheint es mir eindeutig weniger auszumachen als den dicklichen Couchpotatoes, die ebenfalls im Bus sitzen. Wir fahren durch historische Dörfchen aus der Prä-Inkazeit, durch die ich nur zu gerne gebummelt wäre. Aber man hat uns ja versprochen, auf der Rückfahrt genug Zeit für so einen Besuch zu haben.

»Ich habe ordentlich Hunger und auch Durst«, flüstert mir Karin zu, und in der Tat knurrt auch mein Magen. Es scheint sich aber niemand um unsere Mägen zu sorgen, denn ich kann keine Lunchpakete, geschweige denn Wasser entdecken.

»Die haben ja Nerven«, antworte ich Karin.

Wahrscheinlich war geplant, unterwegs in einem Dörfchen kurz anzuhalten, damit wir etwas kaufen können, denn es stehen genug Frauen am Straßenrand, die sowohl Getränke wie auch Essbares anbieten. Wunderschön gekleidet sind sie. Von den bunten, dick bestickten Röcken haben sie gleich mehrere übereinander angezogen, ihre kurzen dicken Beine stecken in farbenfrohen gestrickten Strümpfen und schweren Bergschuhen. Obenherum tragen sie über weißen Blusen farbige Strickjacken, und auf dem Rücken sieht man glutäugige dunkle Kindergesichter, die aus bunten Tragetüchern herauslugen. Entzückend sieht das aus! Die Mamas haben hohe schwarze Hüte auf dem Kopf, die sowohl warm halten wie auch vor Wind schützen sollen. Karin hat die bessere Kamera dabei, und wir vereinbaren, dass sie Fotos macht und sie mir dann schickt. Hoffentlich sind wir bald angekommen und können aussteigen, denn mir reicht diese holprige Fahrerei allmählich.

Wir überqueren den Lauca-Fluss und sehen mit einem Mal, wie sich riesige schneebedeckte Vulkane hinter ineinander übergehenden Teichen erheben. Zum Teil sind die Teiche zugefroren, wie gut, dass ich meine Daunenjacke mitgenommen habe!

Die saftig grüne Landschaft, die uns bisher begleitet hat, ist einer dürren braunen Gegend gewichen. Man sieht auch nur noch vereinzelt Tiere, die hier oben auf Nahrungssuche sind. Der Pass erstreckt sich noch über viele weitere Kilometer, die erneut ansteigen, und hinter den Vulkanen liegt Bolivien. Wir sind am Chungarasee angekommen, in 4570 Meter Höhe. Man bittet uns, vorsichtig auszusteigen, denn vielen Gästen würde schwindelig. In den nächsten 20 Minuten sollen wir uns nur langsam bewegen und tief einatmen. Auch hier am Parkplatz sind Tische aufgebaut, wo man von Pullis über Jacken bis zu Schals und Strümpfen alles kaufen kann, und wie ich beim Aussteigen sehe, gibt es auch einen Kiosk mit Getränken. Hurra!

Ich bemerke, dass sich einige der Gäste sofort festhalten müssen, um nicht umzufallen, und auch mir wird schwindelig, und eine leichte Übelkeit stellt sich ein. Aber das ist mir egal, denn das, was ich sehe, lohnt jegliche Mühe! Wie eine Mondlandschaft wirkt alles um mich herum. Es ist vollkommen windstill. Die vom Eis nicht verschlossenen Teile des Sees kräuseln sich minimal, und ich begebe mich langsam und ganz vorsichtig auf Erkundungstour. Bis auf das Geplapper der Verkäufer und der Touristen, das ich in der Ferne wahrnehme, herrscht um mich eine Stille, die ich nur von den Bergen kenne. Im leise gluckernden Wasser kann ich blaue Fischchen erkennen, die schnell hin- und herschwimmen, und wenn ich genau hinsehe, entdecke ich winzige rote und gelbe Blümchen, die auf kleinen Inselchen wachsen. Jetzt würde ich mich gerne ein paar Tage hier akklimatisieren und dann zu den Vulkanen wandern. Manchmal stoßen sie heiße Fontänen aus, dann sind sie zornig auf die Menschen, behaupten die Inkas. Diese ganz besondere Atmosphäre hier oben nimmt mich völlig gefangen.

Ich werde aus meinen Gedanken gerissen. Lautes Hupen ertönt vom Parkplatz. Man drängelt zur Abfahrt. Karin steht winkend am Straßenrand.

»Ich dachte, du hast solchen Hunger, komm, wir fahren jetzt nach Putre zum Mittagessen.«

»Wir müssen leider noch einmal 45 Minuten mit dem Bus fahren und sind dann wieder auf 3770 Meter, da lässt es sich besser atmen«, meint Rosita.

»Bitte trinken Sie so viel wie möglich und versuchen Sie nicht einzuschlafen, denn sonst bekommen Sie schlimme Kopfschmerzen«, empfiehlt sie uns, während sich der Bus langsam wieder in Bewegung setzt.

Karin, die Gute, hat ein paar Kekse und Wasser gekauft und einen quietschorangefarbenen Alpakaschal.
Ich frage sie nicht, ob er aus China kommt, sondern
lasse ihr die Freude daran. Nachdem ich einen halben
Liter Wasser in mich hineingeschüttet habe, geht es mir
besser, aber müde bin ich. Auf der Stelle könnte ich einschlafen. Deshalb knuffen wir uns gegenseitig und halten uns mit Blabla wach. Für meine Begriffe fährt unser
Busfahrer mal wieder zu schnell. Warum ist der ständig
so in Eile? Vielen von uns ist schlecht, da muss er doch
Rücksicht nehmen. Wir biegen von der Hauptstraße
ab, offenbar will er auch noch eine Abkürzung nehmen,
denn bei der Hinfahrt habe ich das Schild nach Putre an
der Straße entdeckt.

»Er wird schon wissen, was er tut«, meint Karin.

Dass dem nicht so ist, erleben wir wenig später. In
einer scharfen Kurve kommt er mit den Hinterrädern
von der schmalen Teerstraße ab und landet am lehmigen
Straßenrand. Der Fahrer bremst und versucht rückwärts
wieder herauszukommen, aber die Räder graben sich
nur noch tiefer ein. So geht es eine Weile mit den Versuchen, vorwärts oder rückwärts herausfahren zu können, und schließlich bittet man uns auszusteigen, damit
der Bus leichter wird.

In Anbetracht der vielen Kilos, die einige mit sich
herumschleppen, macht das sicher eine Menge aus, denke ich mir. Sofort bieten ein paar Herren ihre Hilfe an
und wissen genau, wie man das Gefährt wieder flott-
machen kann. Ja klar, die sind ja schon oft hier in den
Anden mit dem Bus gefahren! Der Busfahrer holt ein
paar Bretter aus dem Gepäckfach, damit versuchen die
Männer eine Ebene zu bauen, auf der der Bus fahren
kann. Rosita ist sehr besorgt, denn in dieser Höhe kann

sie es nicht verantworten, dass die Touristen sich anstrengen, und so müssen die Herren leider aufhören. Ich sehe schon das Schiff ohne uns abfahren. In einiger Entfernung unterhalb von unserem Platz kann ich ein Dorf ausmachen.

»Ist das Putre?«, frage ich Rosita.

Sie bejaht meine Frage.

»Ich werde jetzt zu Fuß da hinuntergehen und Mittag essen«, sage ich ihr.

Sie scheint davon wenig begeistert zu sein. Nachdem aber auch einige andere Mitfahrer anfangen zu schimpfen, sie würden sich beschweren, sobald sie wieder auf dem Schiff wären, und Karin und ich uns auch ohne ihre Erlaubnis in Bewegung setzen, gibt sie klein bei und lässt uns ziehen. Erstaunlich leicht lässt es sich bergab gehen. Manchmal hüpfe ich direkt, und die Aussicht auf ein gutes Essen stimmt uns beide froh. Ich habe beschlossen, in Putre, falls der Bus sich nicht ausgraben lässt, ein Taxi zu rufen oder jemanden zu finden, der uns zum Schiff bringt. Hierbleiben will ich dann doch nicht. Es wird eine Lösung geben, davon bin ich überzeugt. Mindestens fünfzig Passagiere der Poseidon sind ja hier auf diesem Ausflug. Dann muss das Schiff halt im Hafen bleiben, bis wir zurück sind.

In Putre wartet im einzigen Gasthaus schon ungeduldig die Wirtin mit Belegschaft. Wir machen ihr verständlich, dass wir und die paar anderen, die uns gefolgt sind, jetzt auf der Stelle essen wollen. Sie ist verwirrt, und so sitzen wir, ohne etwas zu bekommen, sicher eine Viertelstunde dumm herum, als plötzlich die Tür aufgeht und der Rest der Gruppe hereinströmt. Sie haben es tatsächlich geschafft, das Gefährt wieder auszubuddeln. Respekt!

Irgendwie sehen alle ziemlich angeschlagen aus. Als das Essen serviert wird, komme ich mir wie in einem deutschen Provinzgasthaus vor. Erbsen, Karotten, Bohnen aus der Dose, ein dünnes Schweinskotelett, zwei Winzkartoffeln, die wie geklont aussehen, und ein kleiner Endiviensalat mit Essig und Öl. Als Nachtisch gibt es Obstsalat aus der Dose. Das hatte ich wirklich nicht erwartet. Eher Ziege oder Alpaka mit wilden Kräutern, Maiskolben, in Lamabutter gebraten, irgendwas Süßes, Klebriges als Nachspeise und Minztee zu trinken und nicht Fanta und Cola. Ich hatte mich auf etwas Fremdes, Überraschendes eingestellt, was ich liebend gern ausprobiert hätte. Aber doch nicht Mensa-Essen aus deutschen Landen! Ich bin entsetzt! Doch der Hunger treibt's rein, wie man so schön sagt, und ich sehe zu, dass ich so schnell wie möglich ins Dorf komme und mich ein bisschen umsehe.

Karin ist faul, und so mache ich mich allein auf den Weg. Streife durch schmale Gässchen, wo ich winzige Läden entdecke, die Touristenkram anbieten und chinesisches Alpaka. Ich kaufe Postkarten und Briefmarken und setze mich, da Putre nichts wirklich Nennenswertes zu bieten hat, auf ein Bänkchen, um an meine Lieben zu schreiben. Die Sonne, die sich heute erst hinter Wolken versteckte, kommt wärmend hervor, und so passiert mir, was ich doch unbedingt vermeiden sollte: Ich schlafe ein.

Während mein Körper immer mehr in sich zusammensackt, träume ich, dass ich nicht schlafen darf, und will mich ständig aufwecken und mich wieder gerade hinsetzen. Aber ich kann nicht. Ich bin so bleiern, und alles an mir ist so schwer, und ich denke mir, es ist doch auch egal, es sieht ja keiner, und ich werde es auch

153

niemandem sagen, aber ich will jetzt schlafen, schlafen, schlafen.

Plötzlich fahre ich hoch, ein Schreck fährt mir in die Glieder. Der Bus! Die haben mich vergessen! Ich schnelle in die Höhe, um im selben Moment taumelnd zu Boden zu stürzen. Während ich mich aufrapple, mir ist unglaublich schwindelig, muss ich mich übergeben. Explosionsartig schießt das Dosenfutter aus mir heraus. Mir ist hundeelend. Weit und breit keine Karin oder sonst jemand, der mir bekannt vorkommt. Ich muss den Bus suchen, versuche ich mich zu disziplinieren. Also schleiche ich mehr, als ich gehe, zum Lokal zurück, wo, o Wunder, alle noch auf ihren Stühlen sitzen. In der Toilette spüle ich mir erst einmal den Mund aus und wasche mein Gesicht. Danach fühle ich mich etwas besser. Das gibt's doch nicht, ich kann also nur wenige Minuten geschlafen haben, und es kam mir wie Stunden vor. Die Realität hat sich verschoben, in meinem Kopf dreht sich alles. Sitzen will ich nicht, weil ich Angst habe, sofort wieder einzuschlafen, und ich brauche frische Luft. Also stelle ich mich neben den Eingang und lehne mich an die Hausmauer. Übel ist mir nach wie vor, aber ich hoffe, nicht wieder speien zu müssen.

Endlich sammelt sich der Pulk, und wir fahren ab. Aufrecht setze ich mich in den unbequemen Bus und starre nach vorn. Bloß nicht zur Seite gucken, und schön die Augen offen halten, Jutta, ermahne ich mich. Dann gestehe ich Karin, was mir passiert ist, und dankenswerterweise bedauert sie mich. Sie hat Bonbons gekauft und schiebt mir eines in den Mund, herrlich!

Während sich unser Gefährt schier endlos von 3700 Meter Höhe hinunterschraubt auf Meeresniveau, bekomme ich so starke Kopfschmerzen, wie ich sie schon lange nicht mehr hatte. Da mir nach wie vor schlecht ist, fühlt es sich wie Migräne an. Ich könnte mich für meinen Leichtsinn verfluchen. Erstens habe ich die Ermahnungen unserer Reiseleiterin für übertrieben gehalten, und zweitens war ich sowieso felsenfest davon überzeugt, dass mir so etwas nicht passieren würde. Einigen anderen geht es auch nicht so gut, ich bin also nicht die Einzige.

Bis ich auf dem Schiff bin, muss ich wieder fit sein! Ich kann doch Bruno nicht den Gefallen tun, dass er recht gehabt hat, und sein Feixen ertragen. Als ich mich jedoch an Bord von Karin verabschiede, will ich erst mal nur ins Bett.

Der Redeschwall, der mich empfängt, macht mich völlig fertig. Er muss ja so viel über diese Mumien erzählen.

»Ja, und wie war es bei euch?«, fragt Bruno.

Ich gestehe, dass ich jetzt besser nicht den Mund aufmache, weil ich nicht weiß, was da sonst noch alles herauskäme. Ich brauchte ein wenig Ruhe, aber bestimmt würde ich mich schnell erholen. Bruno ist ein bisschen beleidigt, macht sich schön für den Speisesaal und will wissen, ob er mir was zu essen bringen soll und ein Glas Wein. Aber ich beruhige ihn und verspreche, bald nachzukommen.

Die Mumien von Chinchorro und das fehlende Glasauge
Bruno

Jetzt hat es mich doch erwischt. Ganz plötzlich, während ich einfach nur über das Deck schlenderte. Na ja, früher oder später musste ich ja seekrank werden. Mir wird dann vor allem schwindlig, der Schweiß bricht mir aus, und natürlich ist mir schrecklich übel. Ich begebe mich sofort in die Mitte des Schiffes, wo die Bewegung weniger zu spüren ist, und versuche, so nah wie möglich an der Wasserlinie zu bleiben, so wie man es mir geraten hat. Immer schön an der Reling stehen und sich auf den Horizont konzentrieren. Schwierig wird diese Übung dadurch, dass ich versuche, den übrigen Passagieren zuzulächeln und so zu tun, als wäre nichts. Zum Glück sollen wir in knapp einer Stunde in Arica einlaufen. Ich schwitze und brauche unbedingt ein wenig Abkühlung. Ich laufe los wie ein Verbrecher auf der Flucht und renne in die erstbeste Toilette. Und wer steht da am Waschbecken neben mir? Der Herr Gonzalez! Er fragt mich, ob es mir gutgeht (ich muss ziemlich blass um die Nase sein) ... Darauf reagiere ich kurz angebunden:

»Alles bestens, danke.«

Ich wage es nicht, in den Spiegel zu sehen, dafür beobachte ich lieber ihn aus dem Augenwinkel. Falls Sie ihn jemals kennenlernen sollten (was ich Ihnen nicht wünschen möchte), halten Sie ihn bestimmt für den freundlichsten Menschen, den Sie je getroffen haben. Aber es ist nur eine Maske, hinter der er seine abgrundtiefe Dummheit verbirgt. Man sieht, dass er das Geld mehr als alles andere auf dieser Welt liebt und dass er dafür über Leichen geht.

Er hat ein Buch unter den Arm geklemmt, eine mit viel Presseecho bedachte Neuerscheinung in Deutschland, wie er mir verrät, in dem behauptet wird, in ganz Europa gäbe es im Untergrund der Städte geheime Hexenbünde, die hinter verschlossenen Türen regelmäßig Orgien und Gebetsrituale feierten, bei denen alle Beteiligten splitterfasernackt sind. Der Mann wird mir immer unsympathischer, soweit das noch möglich ist. Ich gehe nicht weiter darauf ein, verabschiede mich und gehe in eine Toilette.

Später, als ich es bis zu Jutta in unsere Kabine geschafft habe, bin ich noch blasser als vorher. Jutta macht sich gerade für den Landausflug zum Nationalpark von Lauca fertig.

»Es tut mir leid, dass du auch diesmal allein los musst – aber ich fühle mich grässlich. Wenn es nicht besser wird, kann ich noch nicht mal mit Helmut zu den Mumien fahren. Und außerdem halte ich es sowieso nicht in dieser Höhe da oben aus.«

»Hast du es schon mit so einem Pflaster versucht, das man sich hinters Ohr kleben muss? Lass dir doch eins von Dr. Schmitz geben.«

»Nein danke, ich habe gerade so einen Kaugummi gegen Reiseübelkeit genommen ...«

»Aber die nutzen doch nichts, davon wird man nur müde.«

»Na ja, dann bekomme ich wenigstens etwas Schlaf ...«

»Los, tu was, beweg dich. Du siehst ja schon selber aus wie eine Mumie.«

Inzwischen bin ich Helmut gnadenlos ausgeliefert. Wenn er mich mit seinen Eifersuchtsarien konfrontiert, kann ich mich ihm einfach nicht entziehen. Sonst habe ich mich mit kaum jemandem an Bord angefreundet. Allerdings hat er mich so sehr in sein Herz geschlossen, dass er nicht nur meinen Rat, sondern auch Kritik von mir akzeptiert. Außerdem haben wir dieselben Interessen. Wir wissen, was wir uns ansehen und was wir besser auslassen sollten. Wir haben uns am späteren Vormittag in einem Restaurant verabredet, sozusagen als Ersatz für den entgangenen Ausflug. Ich gehe allerdings bloß mit, um ihm Gesellschaft zu leisten, ich habe immer noch keinen rechten Appetit. Wenigstens kann ich ihm von meiner etwas seltsamen Begegnung mit Herrn Gonzalez erzählen. Helmut, der anscheinend immer bestens informiert ist, erzählt mir den neuesten Bordklatsch über ihn. Am ersten Abend hat man ihn wohl in Begleitung einer deutlich jüngeren Dame in seine Kabine verschwinden sehen, was an sich nichts Besonderes ist. Das Außergewöhnliche war dann wohl seine sexuelle Ausdauer, die anscheinend jedes menschliche Maß sprengte.

»Der Nachbar in der Kabine nebenan schwört, dass es tierisch abgegangen ist, wie ein Maschinengewehr … ra-ta-ta-ta-ta … Kannst du dir das vorstellen?«

Ich sage ihm, das wäre ja wohl bloß Geschwätz. Aber wissen Sie, was er mir darauf antwortet?

»Wir sollten besser ein Auge auf unsere Frauen haben … Nicht dass der es auch bei denen versucht!«

»Die Mumien von Chinchorro sind mumifizierte Überreste von Menschen der südamerikanischen Chinchorrokultur, die im Norden von Chile und im Süden Perus gefunden wurden. Es sind die ältesten Mumien der Welt, die Jahrtausende vor

der ersten Einbalsamierung in Ägypten zur Ruhe gebettet wurden. Die ersten Mumien der Chinchorro sind circa 5000 vor Christus konserviert worden. Bei ihnen handelt es sich um die ersten Belege für bewusste Konservierung von Toten. So konnte die Seele überleben, und gleichzeitig sollte damit verhindert werden, dass die verwesten Leichen Menschen erschreckten. Die hier ausgestellte Mumie – die älteste, die jemals gefunden wurde – war tatsächlich ein Kind. Sie wurde an der Grabungsstelle im Tal von Camarones entdeckt und stammt aus dem Jahr 5050 vor Christus.« Unglaublich!

»Man hätte es ja schon vermutet, wenn man sie so ansieht, aber es ist wirklich ein Kind«, sage ich zu Helmut, nachdem ich ihm diese Zeilen auf dem Schild daneben vorgelesen habe.

Darauf er: »Es heißt ja, er habe auch ein Auge verloren.«

»Was? Wer? Die Mumie?«

»Ach, Quatsch! Nicht die Mumie, ich rede doch von Gonzalez!«

Anscheinend hat ihn die ganze Zeit unsere Unterhaltung im Restaurant weiter beschäftigt.

»Worauf willst du hinaus? Dass er es auch auf Karin abgesehen hat?«

»Mach keine bösen Witze. Hast du denn nicht bemerkt, dass er ein Glasauge hat?«

»Nein, weder an dem Abend noch heute Morgen, als er neben mir in der Toilette stand.«

»Das rechte ist aus Glas.«

»Und wo soll er es verloren haben?«

»Das weiß keiner – gestern oder heute. Er sagt, er hat es erst heute Morgen kurz nach dem Frühstück bemerkt. Man hat sogar das Zimmermädchen befragt, das seine Kabine saubermacht. Es könnte ins Waschbecken gefallen oder zwischen den Laken verschwunden sein ...«

»Rosaura ...«

»Rosaura?«

»Ach ... ähh ... eine Freundin von mir ... der ist so was Ähnliches auch mal passiert ... Ich verstehe, was du meinst.«

»Auf jeden Fall ist jetzt jedermann hier an Bord auf der Jagd nach dem verlorenen Auge.«

»Was du nicht sagst ... Vielleicht wollte er es einfach nicht mehr benutzen ... Vielleicht hat er es absichtlich weggeworfen, weil er es leid war ... Oder es ist ihm auf den Boden gefallen, und etwas ist davon abgesplittert, oder es ist völlig zerbrochen ...«

»Jetzt red keinen Blödsinn! Er vermutet, dass man es ihm gestohlen hat!«

»Aber wie klaut man denn ein Glasauge und warum?«

»Um sich zu rächen!«

»Ach ...«

Ich kratze mich am Kopf, und je mehr ich darüber nachdenke, was Helmut mir gerade gesagt hat, desto deutlicher läuft in meinem Kopf ein ziemlich merkwürdiger Film ab.

»Ein Glasauge verliert man doch nicht so einfach, Bruno. Das muss sich schon jemand genommen haben.«

»Vielleicht ist es ja auch in seinem Hosenaufschlag gelandet! Jetzt hör schon auf damit!«

»Ich sage ja nicht, dass es ihm jemand aus der Augenhöhle gerissen hat ...«

»Helmut, bitte! Können wir das Thema wechseln?«

»Du könntest sogar recht haben. Aber dann wäre das Auge doch wohl heute Morgen beim Anziehen rausgefallen, oder?«

160

»Je nachdem, wie schwungvoll er da hineinschlüpft.«

»Warum, wie ziehst du dir denn die Hosen an?«

»Na ja, ehrlich gesagt erinnere ich mich nicht, wie rum ich meine Hose halte … Also, wenn ich so darüber nachdenke … Ich falte sie immer zweimal waagrecht zusammen – also geht das gar nicht! Verrätst du mir endlich, worauf du hinauswillst?«

»Jemand muss dieses Glasauge auf dem Boden gefunden haben, hat es an sich genommen und dann …«

»Dann?«

»Dann hat diese Person es in der Toilette runtergespült!«

»In der Toilette?«

»Aus Rache. Wie ich gesagt habe … Ich habe heute Morgen auch etwas belauscht. Meiner Meinung nach war es das Zimmermädchen – Rosaura!«

»Helmut!!! Aber was geht dir denn durch den Kopf?! Hör mal, wir können und dürfen uns nicht in diese Angelegenheit einmischen, klar?«

In dem Moment spiegelt sich in der Glasscheibe vor der Kindermumie eine Gestalt, jemand nähert sich uns von hinten und berührt meine linke Schulter. Wenn wir nicht schleunigst das Thema wechseln, könnte das ganz schön peinlich für uns werden.

»Wirklich sehr beeindruckend, findest du nicht, Helmut?«

Die Gestalt hinter mir bleibt für gut eine Minute regungslos stehen, mir kommt es wie eine Ewigkeit vor. Ich habe genau bemerkt, wer das ist; die Augenbinde über dem rechten Auge verrät ihn. Obwohl ich beinahe einen Herzkasper bekomme, sage ich ganz nonchalant:

»Herr Gonzalez, Sie sind auch hier?«

161

»Verzeihen Sie, sind wir uns nicht heute Morgen in der Toilette begegnet?!«

»Ja, und?«

»Ich bin vor Ihnen rausgegangen, erinnern Sie sich?«

»Ich glaube schon, aber so genau …«

»Haben Sie zufällig auf dem Boden … ein Glasauge gefunden?«

»Wie kann man denn ein Glasauge verlieren? Gut, Alastor Moody hat das auch geschafft, aber das ist eine Figur bei Harry Potter!«, sagt Karin, als wir vier gemütlich beim Abendessen sitzen und unseren Frauen von der seltsamen Begegnung berichten.

»Das ist gar nicht so abwegig. Vor allem, wenn du das Auge sowieso geschlossen hältst. Du kannst tagelang nichts merken, bis du einmal in den Spiegel guckst … So etwas verliert man bestimmt leichter als einen falschen Zahn oder eine Brustprothese«, meint Helmut.

»Psst, jetzt seid doch etwas leiser, der Kellner kommt«, zischt Jutta.

»Ach, übrigens … War der Koch heute Morgen auch mit auf eurem Ausflug?«

»Nein, da waren nur Jutta und ich und noch ein paar Gäste.«

»Helmut ist doch nicht etwa eifersüchtig auf Erasmo?«, fragt Jutta.

»Ach, Erasmo heißt der Kerl?«

»Helmut, bitte!«

»Ich habe nämlich gehört, dass er in Mamalluca dabei war …«

»Und wennschon … Er kann in seiner Freizeit schließlich machen, was er will, oder?«

162

»Für meine Begriffe ist er ein wenig zu anhänglich … Aber das habe ich dir schon gesagt.«

Die beiden streiten nicht zum ersten Mal. Vor zwei Tagen haben sie sich gezofft, was das Zeug hält, mit viel Geschrei und Tränen, weil einer von beiden – ich erinnere mich schon nicht mehr, wer – angeblich beim Minigolf gemogelt hat. Heute Abend geht es wieder um das übliche Thema, um Helmuts Eifersucht. Selbstverständlich schlägt sich Jutta auf die Seite ihrer neuen Freundin.

»Pass bloß auf«, sagt sie mit düsterer Stimme, also meint sie es ernst, »Männern kann man nicht trauen. Wenn sie so tun, als wären sie besonders eifersüchtig, dann haben meistens sie ein schlechtes Gewissen. Und außerdem, warum begleitet ihr beiden uns denn nie auf die Ausflüge? Habt ihr vielleicht noch ganz andere Sehenswürdigkeiten entdeckt?«

»Aber Schatz, wo denkst du denn hin?«

»Mein Lieber, ich hatte nicht vor, mich einzumischen. Ich wollte Helmut nur sagen, dass er sie endlich mit diesem Koch in Ruhe lassen soll. Meine Freundin hier macht Urlaub wie alle anderen, da kann sie doch auch tanzen, mit wem sie will, oder?«

»Aber so tanzt man doch nicht mit einer verheirateten Frau!«

»Das ist doch die Höhe, Helmut! Hör sofort damit auf, oder ich lege dir hier vor allen Leuten eine Riesenszene hin!«

Jutta senkt betreten den Kopf über ihren Teller. Meine Unterlippe zittert.

»Ist das etwa eine Drohung?«, explodiert Helmut, und die Adern an seiner Stirn schwellen gefährlich an.

Karin atmet einmal tief durch, schenkt sich Wein

163

nach, und während sie ihn provozierend anschaut, führt sie das Glas zum Mund und trinkt es aus.

Jutta zupft sich verlegen am Hals und gibt mir mit einer Kopfbewegung zu verstehen, dass wir jetzt besser verschwinden.

»Nein, bitte, Jutta. Ich möchte, dass ihr beiden bleibt. Esst ruhig weiter, während ich mich kurz mit meinem lieben Ehemann unterhalte ...«

»Da gibt es nicht viel zu sagen, Karin ... Hören wir einfach auf damit.«

»O nein! Jetzt hörst du mir mal zu. Warum hat sich denn alles zwischen uns verändert? Da gibt es etwas, was ich dich schon seit langem fragen will – und schau mir gefälligst in die Augen, wenn ich mit dir rede!!! Was hast du mir in all diesen Jahren gegeben?«

»Ich habe gesagt, es reicht, Karin!«

»Du kritisierst mich ständig. Nie kann ich es dir recht machen ...«

»Karin, Schluss jetzt!«

»Willst du wissen, warum ich dich betrogen habe? Willst du das wirklich wissen?«

»Das ist vorbei ... Für mich ist das Thema gegessen, und unsere Freunde hier interessiert das bestimmt nicht!«

»Das sollte es aber. Denn dadurch lernt man dich besser kennen. Obwohl es mir ein wenig peinlich ist, das zu sagen. Es ist so absurd ... Je länger ich darüber nachdenke, desto mehr frage ich mich, wie ich das nur aushalten konnte.«

»Nun ja, jetzt bin ich aber neugierig geworden«, werfe ich ein. Juttas Tritt gegen mein Schienbein lässt mich erstarren.

»Ich konnte nachts nicht mehr schlafen. Ich wollte dich deswegen sogar verlassen ...«

164

»Karin, ich schwöre bei unseren zwei Katzen, wenn du jetzt nicht aufhörst …«

»Die Sache mit ihm und meiner Mutter – das hat mich wahnsinnig gekränkt!«

Jutta, die gerade verlegen an ihrem Wein nippt, verschluckt sich und prustet alles über den Tisch. Ich kippe fast vom Stuhl, weil mir vor Überraschung der Ellenbogen von der Lehne rutscht. Dieser Satz hat eingeschlagen wie eine Bombe, gefolgt von Totenstille. Bleibt Helmut jetzt noch ruhig, oder geht er gleich auf sie los? Er hat die Hände auf dem Tisch zu Fäusten geballt und sitzt wie gelähmt da. Nur an seiner wippenden Fußspitze merkt man, wie wütend er ist. Gleich wird er explodieren. Aber Karin kommt ihm zuvor und wendet sich an uns: »Er hat mir nämlich immer aufs Brot geschmiert, dass sie besser kocht als ich. Irgendwann konnte ich das nicht mehr ertragen!!! Es war UNERTRÄGLICH!!«

»Das ist alles? Und ich habe mir wer weiß was vorgestellt«, grummele ich enttäuscht und sage etwas lauter: »Das ist doch völlig normal … Keiner kocht so gut wie die Schwiegermutter, das ist doch allgemein bekannt!«

»Was zum Teufel redest du denn da? Seit wann liebt ihr Männer denn eure Schwiegermütter?«

Jutta hält wirklich nie zu mir!

»Alles nur wegen dieser dämlichen Wachteln!«, giftet Karin weiter.

»Wachteln?«, fragen Jutta und ich wie aus einem Mund.

»Ja genau! Ihm schmecken die Wachteln meiner Mutter, während ich lieber Hühnchen mag. Und das weiß er genau. Aber ich koche sie ihm trotzdem und probiere immer wieder ein neues Rezept aus. Aber nichts da! Er sagt jedes Mal, die von meiner Mutter wären besser …«

»Entschuldige, Karin«, ich kann es einfach nicht lassen, »aber warum??«

»Bei ihr bekam er immer nur die Brust.«

7. TAG

Lesung mit Hindernissen
Jutta

Normalerweise bin ich morgens putzmunter. Sozusagen ein Early Bird, sehr zum Leidwesen von Bruno, für den es nichts Schöneres gibt, als sich noch mal tief in die Kissen zu kuscheln. Dort kann er seinen Gedanken am besten nachhängen, meint er. Ich bezweifle das, denn wenn er in dieser Stunde seine Gedanken richtig ordnen würde, müsste er eigentlich danach topfit sein. Warum, frage ich mich, braucht er dann immer noch mindestens eineinhalb Stunden, von denen er eine ganze im Bad verbringt und eine halbe Stunde beim Frühstück, um endlich in die Gänge zu kommen?

In dieser Zeit bin ich geschwommen, habe meditiert, bin gejoggt, habe geduscht und mich angezogen und sitze im Frühstücksraum, wo ich das komplette Frühstück für mich und Bruno organisiert habe und warte. Er muss nur noch kommen und kauen. Kein Wunder, dass Bruno bei jeder Gelegenheit sagt: »JUTTA UND ICH ERGÄNZEN UNS EINFACH GANZ WUNDERBAR!«

Heute Morgen ist es jedoch ganz anders. Bleischwer fühle ich mich. Als ich auf die Uhr sehe, ist es schon nach neun. Da ich aber vor dem Frühstück schwimmen möchte, muss ich raus, sonst krieg ich kein Müsli mehr, und das brauche ich heute mehr denn je!

Also rolle ich mich auf seine Seite und versuche das Murmeltier zu wecken und dazu zu bewegen, aufzustehen und ausnahmsweise mal das Frühstück für uns beide zu organisieren. Er brummt irgendwas von »Mach ich« und dreht sich noch mal um. Ich muss ihm einfach vertrauen, sag ich mir, und mich überraschen lassen.

Ich stehe vollkommen neben mir. Hoffentlich werde ich im Pool wieder fit. Gerne nehme ich auch noch einen ordentlichen Schluck Energie und Lebensfreude, so ich sie finden kann. Gottlob begegnet mir niemand auf den Gängen, denn selbst ein freundliches »Guten Morgen!« würde mich momentan empfindlich stören.

Ich lasse mich einfach hineingleiten, halte den Kopf unter Wasser, das im Rhythmus der Schiffsbewegung, jedoch genau gegenläufig mitschaukelt. Ich schwebe, floate, wie man so schön sagt, von einer Seite zur anderen. Außer einer Dame, die jeden Morgen zur selben Zeit schwimmt wie ich, ist niemand im Becken. Wir beschränken uns beide auf ein kurzes freundliches Kopfnicken, danach sind wir wieder ganz bei uns und unseren Schwimmbewegungen. Langsam verlässt mich die Kraftlosigkeit des gestrig Erlebten, und ich ziehe meine Bahnen. Immer acht Züge von einer Seite zur anderen, mal rückwärts, mal auf dem Bauch. Einen Rhythmus muss ich kriegen und mein Gleichgewicht finden, dann ist alles wieder gut.

Nach einer Viertelstunde fühle ich mich imstande, den Tag anzunehmen und mich seinen Aufgaben zu stellen. Heute ist unsere Lesung im Kinosaal. Nachmittags, wenn zur gleichen Zeit im kleinen Konzertsaal bei Harfenmusik Kuchen und Kaffee gereicht werden. Gleichzeitig findet in der Bibliothek das beliebte Bingo statt, ein Glücksspiel, bei dem man Geld gewinnen kann oder es, wenn man zu viel davon hat, unter die Leute bringt. Ich bin ja mal gespannt, wer sich dann noch für unsere Lesung interessiert.

Ich werfe mir ein Kleid über, das ich vorsorglich mitgenommen habe, denn im Kaftan darf ich ja nicht erscheinen, breite meinen Badeanzug auf einer Liege zum Trocknen aus und spaziere nach vorne zum Frühstücksraum.

Bruno sitzt draußen an einem Tisch mit Sonnenschirm und winkt, damit ich ihn auch ja nicht übersehe. Er hat schon gefrühstückt, und das Buffet ist auch bereits abgebaut, aber das habe er noch für mich gefunden, meint er und deutet auf ein Kännchen Tee und zwei ungetoastete Scheiben Weißbrot mit Marmelade. Er sei so unschlüssig gewesen, weil's mir doch gestern nach dem Ausflug erst nicht so gut ging, und da habe er gedacht, Kamillentee und Toast wären das Beste. Dabei hab ich doch gestern Abend schon wieder mit ihnen allen gegessen!

Um Kamillentee riechen zu können, brauche ich eine gute Kondition, aber um ihn zu trinken, muss ich schon halbtot sein. Angeekelt schiebe ich die Kanne weit von mir. Wenn der Toast wenigstens nicht so labberig wäre! Na ja, er hat es ja gut gemeint, wir ergänzen uns wirklich prima!

Nachdem ich doch noch einen Kaffee und etwas Obst auftreiben konnte, steigt meine Laune, und ich schlage Bruno vor, doch ein bisschen mit mir auf dem Schiff zu flanieren. Die Sonne scheint heute so schön, und das Meer glitzert so blau, geradezu bilderbuchmäßig gibt sich der heutige Tag, und endlich haben wir mal Zeit füreinander – den ganzen Tag, einschließlich der Lesung. Heute büxt du mir nicht aus, mein Lieber! EINE STUNDE, WENN SIE GLÜCKLICH IST, IST

169

VIEL. NICHT DAS MASS DER ZEIT ENTSCHEI-
DET, SONDERN DAS MASS DES GLÜCKS. Die-
ser weise Satz von Theodor Fontane soll uns heute begleiten, empfiehlt uns der Tagesplan.

Na, dann nichts wie diese Stunde finden!

Wir schlendern gemütlich über die drei oberen Decks
und schauen beim Shuffleboard zu, wo sich Brunos
neueste Bekanntschaft, Professor Schäufele, mit un-
verkennbar schwäbischem Akzent ordentlich ins Zeug
legt. Schließlich geht es bei diesem Mannschaftsspiel
um die Ehre, und die ist dem Professor äußerst wichtig. Ich könnte mich schlapplachen, diesen Mann habe
ich noch nie ohne Binder gesehen. Er trägt zwar kurze
Hosen und ein kurzärmeliges Hemd, aber die passende
Krawatte darf nicht fehlen! Eigentlich würde ich mich
gerne mal mit diesem seltsamen Mann näher unterhalten, aber bislang hat sich keine Gelegenheit ergeben.
Er bevorzugt sicher auch eher Mumien als Abenteuer.
Shuffleboard ist vergleichbar mit dem bayrischen Eis-
stockschießen, nur benutzt man hier einen langen Stab,
mit dem die *Disk* genannten Scheiben ins Ziel gebracht
werden sollen. Ganz verstanden habe ich es eh nicht,
da mich Spiele grundsätzlich nicht so faszinieren. Viel
interessanter ist es, die Menschen zu beobachten, wenn
sie ins Spiel vertieft sind. Wie sich beim Verlierer Zorn
aufbaut und beim Gewinner Größenwahn. Das finde
ich lustig, vor allem, wenn sich kurz darauf das Blatt
wendet und der Verlierer zum Sieger wird. Das könnte
ich stundenlang beobachten. Wäre ich Malerin, würde
ich solche Eindrücke mit dem Pinsel festhalten, mir als
Schauspielerin genügt das Gedächtnis. Dort stecke ich
sie in eine der vielen Schubladen, um sie irgendwann
wieder hervorzuholen. Bruno feuert Schäufele an, läuft

an seiner Seite mit und freut sich, wenn der Professor die Scheibe ins Ziel gebracht hat. Ich bin felsenfest davon überzeugt, dass er ebenso wenig wie ich auch nur die geringste Ahnung von diesem Spiel hat! Es kommt mir geradezu vor, als ob Bruno als Ersatz für den ewig stummen Neffen, Assistenten oder Liebhaber, was auch immer er ist, fungiert. Diesen jungen Mann habe ich noch nie einen Satz sprechen hören. Die beiden verstehen sich wohl auch ohne Worte.

Meine Oma hat mir mal die Geschichte von dem verstockten Kind erzählt. Sechs Jahre war der Bub schon alt und hat nie ein Wort gesprochen. Die verzweifelten Eltern sind zu Ärzten und Logopäden gelaufen, aber keiner konnte herausfinden, warum der Bengel nicht sprach. Eines Tages musste sich die Mutter sehr beeilen, um mit dem Jungen zu einer Einladung zu gehen, und da er sehr gewachsen war, passten ihm die feinen Hosen und die Jacke nicht mehr richtig. Das ist jetzt egal, dachte sie sich und zwängte den zwar sich sträubenden, jedoch stummen Buben in die zu klein gewordene Jacke und Hose, bis plötzlich der Hosenknopf durch den Druck absprang. Schließlich war der Bub nicht nur in die Höhe, sondern auch in die Breite geschossen. Erschrocken sagte der Knabe: »Hoppala, des geht fei ned!« Die Mutter konnte ihr Glück nicht fassen, umarmte ihren Sohn und herzte ihn.

»Ja, sag nur, Bub, du kannst ja doch reden, warum um Himmels willen hast du nie ein Wort gesprochen?«

Da antwortete der Junge trocken: »Ja schau, Mama, bislang hat ja alles gepasst!«

Daran muss ich gerade denken, während ich den stillen jungen Mann beobachte. Er wird seine Gründe für sein Schweigen haben, vielleicht passt ja bislang auch alles in seinem Leben!

Wir verabschieden uns und gehen eine Treppe tiefer auf die Terrasse der Bar ZUR KLEINEN MEER-JUNGFRAU. Ich habe Lust auf ein großes Glas frischen Orangensaft, und so setzen wir uns an eines der kleinen Tischchen und schauen aufs Meer hinaus. Herrlich, dieser Müßiggang heute Morgen! Irgendwann im Laufe des Tages werden wir noch einmal alle Stellen durchgehen, die wir lesen werden. Die Texte zu kürzen, ohne dass der Sinn verlorengeht, ist gar nicht so einfach.

In der anderen Ecke der Terrasse sitzt eine mittelaltrige Dame mit enormer Oberweite und tiefem Dekolleté und starrt die ganze Zeit zu uns herüber.

Hat die nichts Besseres zu tun?, frage ich mich. Sie kämpft offensichtlich mit sich, ob sie aufstehen und uns ansprechen soll oder nicht. Ich drehe mich abweisend von ihr weg, weil ich zornig bin, dass jemand die Zeit, die wir uns gerade schenken, stört, und sei es nur durch Blicke. Aber diese Blicke sind so penetrant und unnachgiebig, dass sie mich förmlich durchbohren. Als ich jedoch bemerke, dass Bruno ihr freundlich, ja fast aufmunternd zunickt, reicht es mir. Ich drehe mich mit einer schnippischen Bemerkung auf der Zunge zu der Dame um, aber da steht sie bereits hinter mir, den Blick starr auf Bruno gerichtet.

»Mi scusi, Signore Maccallini, posso fare un appuntamento con Lei?«

Mir bleibt die Spucke weg. Was bildet die sich eigentlich ein, uns in unserer Zweisamkeit zu unterbrechen und dann auch noch eine Verabredung mit ihm treffen zu wollen.

»Kennen Sie meinen Mann?«, rutscht es mir raus.

»Noch nicht«, säuselt der Busen, aber sie hätte so gerne ein Foto mit ihm. Ich mustere sie wortlos, bis sie sich ebenfalls ohne ein weiteres Wort abwendet.

Bruno ist alles furchtbar peinlich, am meisten bin ich ihm peinlich.

»Warum bist du denn immer so unhöflich!?«, beschwert er sich.

»Na, hör mal«, kontere ich, »das ist doch keine Art, auch wenn sie ein Fan ist, ein bisschen Anstand kann man doch wahren. Die hat ja überhaupt kein Gefühl für Distanz. Jeder Hund beansprucht mindestens einen Meter um sich herum, um die Fährte aufnehmen zu können. Aber dieser Busen hing dir ja förmlich im Gesicht. War wenigstens ihr Parfum erträglich?«

Aufgebracht blicke ich dem zum Vorderbau passenden ausladenden Hintern hinterher.

»Ich bin wirklich nicht eifersüchtig, aber was zu viel ist, ist zu viel«, versuche ich zu erklären.

Bruno grinst. Ja, so hat er es gerne, der Italiener, solche Szenen liebt er geradezu, das stärkt das Ego des südländischen Machos. Die Frauen immer ein bisschen am Köcheln halten, das ist die Masche, aber da hat er sich geschnitten, nicht mit mir, ich bin da immun, jawohl!

»So, und wo gehen wir jetzt hin?«, frage ich aufmüpfig.

Doch bevor Bruno einen Vorschlag machen kann, schlägt uns der Erste Steward per Lautsprecher vor, auf die Brücke zu kommen, denn vor unserem Schiff würden Wale und Delphine springen, ganze Rudel wären zu sehen, das solle man nicht verpassen!

So eilen wir mit Brunos Kamera hoch zur Brücke, wo natürlich außer uns bereits hundert andere Passagiere dicht gedrängt an der Reling stehen. Wir versuchen beide, auch ein kleines Plätzchen zu erhaschen, von wo aus man die herrlichen Tiere beobachten kann. Ich lande zwischen zwei Herren, die ein Stück zur Seite rücken, und schaue mich um, ob Bruno auch Glück hatte und einen guten Ausblick hat. Und ob!! Der Busen hat mit seinem Hintern für ihn Platz gemacht und sich dicht an ihn gekuschelt! Ganz zufällig! Diese Frau ist wirklich unglaublich! Bruno fühlt sich sichtlich wohl zwischen so viel Fleisch. Er war ja schon immer ein Anhänger von Federico Fellinis Filmen, besonders von *Amarcord*, wo sich eine unglaublich dicke Frau im Bett wälzt. Ich will das aber nicht näher hinterfragen, denn für alle Italiener ist das Sinnbild der vollbusigen, ewig Spaghetti kochenden Mama der Inbegriff allen Lebens. Komisch nur, dass so viele Italienerinnen Hungerhaken auf Stilettos sind, meist mit Silikonbusen. Bei denen holt man sich ja blaue Flecken im Bett. Weg mit den blöden Gedanken, konzentriere dich auf die Delphine, das ist weitaus sinnvoller!, ermahne ich mich.

Die Delphine spielen Flipper für uns, springen, gleiten in rasender Geschwindigkeit parallel zur Poseidon, dass man fast befürchtet, sie kommen in die Schiffsschrauben. Behände weichen sie den Bugwellen aus, es ist einfach wunderschön anzusehen. Aber das will ich gemeinsam mit Bruno erleben! Ich verlasse meinen Platz und drängle mich zu ihm durch. Wir fotografieren und staunen, ebenso staunt der Busen, der nach wie vor auf der anderen Seite von Bruno wogt. Na, da ist er ja schön eingerahmt, der Gute, denke ich mir. Irgendwann haben die Tiere genug vom Schauschwimmen und ziehen weiter ins Meer hinaus, und auch die Gruppe der Zuschauer löst sich auf. Meine spezielle Freundin jedoch denkt absolut nicht daran, sich aufzulösen, sondern fordert im Gegenteil ihr Foto ein. Mir wird die ganze Situation und Brunos Getue allmählich zu blöd, und ich beschließe, mich ohne weiteren Kommentar zu verziehen. Wenn sie ihn bis dahin nicht erdrückt hat, werde ich ihn ja bei der Lesung treffen.

Unterwegs treffe ich auf Karin und Helmut, und ich komme nicht umhin, ihnen von der Wuchtbrumme zu erzählen. Helmut lacht sich schief bei dem Gedanken, dass sie ihm vielleicht auch noch ein Küsschen abringt. Mir vergeht der Appetit auf weitere Ausschmückungen, und ich verdrücke mich.

Beim Wellnesscenter gibt es eine kleine Terrasse, auf der ich bleibe, bis es an der Zeit ist, mich für die Lesung umzuziehen. Doch wo steckt eigentlich Bruno? Wir wollten doch unseren Text noch einmal durchgehen. Als ich mich auf den Weg zum Kinosaal mache, höre ich lautes Getuschel: Bruno wurde draußen am Bug gesehen. Und dort treffe ich ihn dann auch! Mit keiner Geringeren als seinem großen Fan! Ich sage ihm, dass ich mir Sorgen gemacht habe, und fühle eine große Enttäuschung. Wortlos machen wir uns auf den Weg zum kleinen Kinosaal.

Erstaunlicherweise ist der Raum bis auf wenige Plätze besetzt. Das freut mich, denn Lesen vor nettem Publikum ist immer ein Gewinn. Auch Brunos Eroberung, wie kann es anders sein, bereichert die Lesung mit ihrer Anwesenheit. Wenigstens sitzt sie nicht vor meiner Nase. Eigentlich kann sie einem ja leidtun, aber das ist bei mir nicht der Fall!

Als der Gockel an meiner Seite sie erblickt, frage ich ihn scheinheilig nach dem Foto:

»Und, bist du jetzt zufrieden, und hat's Spaß gemacht?«

»Ja«, antwortet er lapidar.

Womit ich nun gar nichts anfangen kann. Ja, weil es
Spaß gemacht hat, oder ja, weil es seiner Eitelkeit ge-
schmeichelt hat.

Einer unserer dramaturgischen Tricks ist, dass wir ein
Paar sind, wie es wenige in der Filmgeschichte gibt, wie
Dick und Doof oder Walter Matthau und Jack Lemmon, wie Doris Day und Rock Hudson. In Amerika
ist diese Art von Humor sehr beliebt, die Zuschauer
amüsieren sich über die Missgeschicke, die Streitereien
und die unmittelbar folgende Versöhnung, man lacht
und weint mit den Darstellern, und so sind die Protago-
nisten berühmt geworden. In Deutschland fehlt diese
Form von Humor völlig. Hier wird alles für bare Münze
genommen, was wir tun und sagen, ohne dahinter unser
verstecktes Augenzwinkern zu spüren. So fordere ich zu
Beginn einer Lesung die Zuhörer immer auf, uns doch
bitte nicht zu sehr beim Wort zu nehmen und immer auf
den Schalk zwischen unseren Zeilen zu achten. Wenn
sie das verstehen, haben alle große Freude an unseren
Ausschweifungen, der Improvisation, wenn sich Bruno
verliest oder ein Wort völlig falsch ausspricht. Meine
Kommentare dazu oder mein Augenrollen spiele ich
natürlich todernst, weil ich will, dass unsere Gäste uns
folgen, schließlich bin ich Schauspielerin und nicht nur
Autorin. Brunos anschließende Entrüstung ist natürlich
genauso gespielt wie die meinige, wenn er behauptet,
dass ich Stunden im Bad verbringe, um mich zu salben
und einzucremen. Dass es genau andersherum ist, wissen nur wir, und deshalb haben wir unseren Spaß dabei.

Allen Ernstes ist einmal eine Kollegin, die sich auch

noch Komödiantin schimpft, während einer Talkshow, zu der wir eingeladen waren, voll auf uns hereingefallen. So sagte sie coram publico, so eine Beziehung, wie wir sie führen, wäre für sie völlig undenkbar, wir passten ja überhaupt nicht zusammen, und diese ewigen Diskussionen über Lappalien fände sie ätzend. Sie frage sich ernsthaft, wieso wir überhaupt noch zusammen seien! Als ich ihr darauf antwortete, dass wir uns das auch schon die ganze Zeit fragen würden, geriet sie völlig aus der Fassung. Gottlob fing Barbara Schöneberger, die Moderatorin, die Situation wieder auf. Wir haben uns dann sozusagen als Zeichen der Versöhnung ein Küsschen gegeben, und alles war wieder gut. Die Komödiantin hatte dafür tags drauf in der Bildzeitung als Gutmensch ihre Schlagzeile. Was Frau halt so braucht!!

Aber zurück zu unserer Lesung im Schiffsbauch. Ich begrüße zuerst die vielen Damen, die heute Abend zu Gast sind, und natürlich ausschließlich wegen Bruno da sind, flechte ein, dass es natürlich auch ein paar Herren gibt, die seinem Charme erlegen sind – Professor Schäufele betritt soeben den Raum –, ich diese jedoch gerne, da in der Minderheit, allein für mich beanspruchen möchte. Das Ungleichgewicht sei ja unübersehbar, also könne ich von vornherein den Abend für mich abhaken.

Bruno kontert, dass die Damen ebenso wegen mir erschienen seien, da sie endlich mal in Wirklichkeit erleben möchten, wie übel ich mit einem so liebenswerten Italiener wie ihm umgehe. So eine Anschuldigung kann ich natürlich nicht im Raum stehenlassen und entgegne, dass ich dieses Klischee der kalten, harten deutschen Frau nicht akzeptieren könne, denn wieso habe er sich denn dann in mich verliebt? Darauf erwidert Bruno, es wäre wegen meiner blauen Augen, aus denen ich so treuherzig schauen würde. So geht das Pingpongspiel noch eine Weile weiter, bis unsere Zuhörer locker werden und bereit für unsere Lesung sind. Nur die besagte Dame rutscht irritiert auf ihrem Sessel hin und her, und ich beschließe, ihr den Nachmittag ein bisschen zu versüßen, indem ich dem Affen auch weiterhin Zucker gebe und auf Bruno rumhacke und hoffe, dass er sich darauf einlässt und mitspielt. Allerdings habe ich nicht damit gerechnet, dass mein eitler Italiener gerade heute Wert darauf legt, in einem guten Licht zu erscheinen, und so lässt er meine kleinen Sticheleien einfach im Raum stehen und verpuffen. Das ist unfair von ihm! Ich kann ihn ja schlecht anstupsen, das würde jeder mitkriegen, also fixiere ich ihn mit großen Augen und hoffe, dass er kapiert, was ich meine. Aber es klappt nicht. Unbeirrt liest er mit allem Charme, den er nur aufbringen kann, seine Kapitel, vor allem die, in denen er sich genüsslich über meine Eigenarten auslässt, diesmal rollt er mit den Augen, und ich spüre, wie die meisten Zuhörer immer mehr von mir abrücken und sich auf seine Seite schlagen. Nun muss ich ausholen und lese eine lustige Passage vor, in der Brunos technisches Ungeschick so richtig zum Ausdruck kommt: Er hat eine Reifenpanne und ist unfähig, das Hinterrad auszubauen, als plötzlich sein neuer Fan, die Dame mit dem Foto, unter lautem Rufen, dass sie es nun satthätte, wie ich den armen Mann ständig schikaniere, und er solle so schnell wie möglich das Weite suchen, statt noch länger mit einem solchen Drachen wie mir zusammen zu sein, empört den Saal verlässt. Es folgt betretenes Schweigen. Vor allem Bruno ist betreten, denn damit hat er nicht gerechnet. Nun liegt es an mir, die Situation zu retten.

178

Ich lächle und weise auf meine eingangs gegebenen Empfehlungen hin, doch nicht alles für bare Münze zu nehmen, was wir hier oben sagen. Das, was sich gerade hier abgespielt habe, sei ein Paradebeispiel für »Ätsch, reingefallen!«; damit müsse die Dame nun leider leben, und wir würden jetzt fröhlich weiterlesen und uns die Laune nicht verderben lassen, genauso wenig wie unser Publikum. Irgendwie wabert jedoch über der Lesung eine kleine graue Wolke, und auch der Applaus bei der Verabschiedung ist für mein Gefühl verhaltener als sonst. Durchaus auch freundlich, aber nicht so ungezwungen, wie wir es sonst gewöhnt sind. Wir machen gute Miene zum bösen Spiel und begeben uns gemeinsam mit unseren Freunden Karin und Helmut zum Speisesaal, um das Abendessen einzunehmen.

Zu schön wäre es, wenn wir jetzt einfach völlig relaxt den Abend genießen könnten, aber selbst Helmut kann sich süffisante Kommentare über die Reaktion der vollbusigen Tante nicht verkneifen, und so verteidige ich mich vehement, als mir auch noch Eifersucht in die Schuhe geschoben wird. Ich bin einfach nur sauer, wenn jemand als Fan meint, ein Anrecht auf einen zu haben. Was bildet sich diese Pute eigentlich ein?

Ein ganz besonderer Fototermin
Bruno

Wir pflügen wieder durch die hohe See, aber meine Eingeweide melden sich zum Glück nicht mehr. Was auch gut ist, denn heute steht unsere Lesung auf dem Programm.

Der Saal ist rappelvoll. Der Einlass hat schon begonnen, ohne dass man uns vorher Bescheid gesagt hätte. Der Soundcheck erfolgt quasi in aller Öffentlichkeit. Jutta hat mal wieder Probleme damit, das Kabel unter ihrem Kleid zu verstecken. Es ist wie immer ein Riesenaufwand, sie mit einem Mikro auszurüsten. Tu's untendrunter, hier obendrüber, in die Bluse rein, jetzt knöpf noch den Rock auf, schieb den BH zur Seite, dann noch einmal um die Taille gewickelt … Manchmal denke ich, die Typen vom Ton machen das absichtlich. Warum sonst ist das bei uns Männern immer so einfach und im Nu erledigt? Hoffentlich dauert es nicht ebenso lange, das Lesepult auf die richtige Höhe einzustellen. Wie auch immer, dem Publikum gefällt es, uns Schauspielern bei den Vorbereitungen zuzusehen. Heute sind neben unserem ersten Buch von der Fahrradtour auch die »Zwei Esel auf Sardinien« dran, unser zweites gemeinsames Buch.

Gerade haben wir eine kleine Pause eingelegt und einen Kaffee getrunken, als eine wirklich attraktive Frau, wenn man auf den Typ Walküre steht, auf mich zukommt, sich als Sabine vorstellt, und fragt, ob ich nicht Lust auf ein ganz besonderes Fotoerlebnis hätte. Die

180

Frau haben wir doch heute schon mal getroffen, schießt es mir durch den Kopf. Ihr Angebot macht mich neugierig. Ich überschlage, wie lange es wohl noch dauern wird, Madame Speidel tonmäßig »einzuwickeln« und den Beamer einzustellen, der Bilder von unserer Reise zeigen soll, und stimme spontan zu. Sabine, die sich als mein größter Fan seit dem berühmten Werbespot geoutet hat, bedeutet mir, kurz mitzukommen. Warum nicht? Ich mache Jutta ein Zeichen – *bis gleich.*

Sabine geht Richtung Bug, dann noch eine Treppe höher. Ich folge ihr, denn der Sonnenuntergang ist so dramatisch, dass man sich einem Erinnerungsfoto auf dem obersten Deck nicht entziehen kann.

»Gern. Wir müssen bloß noch jemanden finden, der uns fotografiert.«

»Oh, keine Sorge, die Kamera ist mit Selbstauslöser.«

»Ach ja, wie dumm von mir …«

»Das ist wirklich sehr nett von Ihnen … Sie sind ja wirklich der klassische Italiener, so wie wir deutschen Frauen ihn lieben.«

»Aber eins wüsste ich schon gern … Sie sind doch so jung, wie können Sie sich da an diesen alten TV-Spot erinnern?«

»Also, ich bin gar nicht so jung, wie Sie annehmen – aber ich nehme das gern als Kompliment. Und ich weiß alles von Ihnen, ich bin gut informiert … Ich verfolge alles über Sie. Gestern zum Beispiel haben Sie auf dem Deck die ›Cavalleria Rusticana‹ gesungen, richtig?«

»Sie verfolgen nicht alles *über* mich, sondern *mich persönlich!* Aber stimmt, das singe ich oft vor mich hin, das ist eine meiner Lieblingsarien.«

»Ich liebe die Oper! Ach, bella Italia, Mascagni, Verdi, Puccini …«, sagt sie und nimmt meine Hand.

»O Lola, ch'ai di latti la cammisa ... sì bianca e russa comu la cirasa, quannu t'affacci fai la vucca a risa, biatu cui ti dà lu primu vase ... 'Ntra la porta tua ... lu sangu è sparsu ... e nun me mporta ... si ce muoro accisu ... – O Lola, rosengleich blüh'n deine Wangen, rot wie die Kirschen leuchten deine Lippen; wer dir vom Munde Küsse darf nippen, trägt nach dem Paradiese kein Verlangen. Wohl steht vor deiner Tür ein warnendes Mal, dennoch, ach, lieb ich dich zu meiner Qual.«

»E s'iddu muoru e vaju mparadisu si nun ce truovu a ttia, mancu ce trasu. ›Und ohne Zaudern eilt' ich zur Hölle, fänd' ich im Paradies nicht dein holdes Antlitz.‹ – Großartig. Und noch dazu alles auf Sizilianisch!«

»Ach, ich liebe diese Liebestragödien, in denen es um Eifersucht geht, um Betrug und Rache ... Ihr Italiener seid ja auch in allem so leidenschaftlich ...«

Sie spricht wirklich gut Italienisch. Aber etwas an ihr kommt mir spanisch vor. Und überhaupt, wo will sie jetzt eigentlich mit mir hin? Auf der Treppe nach oben kommen uns einige Passagiere entgegen. Vielleicht sind sie ja gerade auf dem Weg in den Kinosaal zu unserer Lesung? Man grüßt sich, und ich höre erstauntes Raunen und Getuschel hinter meinem Rücken, wohin ich wohl mit der Unbekannten unterwegs bin?

»Äh, ich fürchte doch, dass wir nicht mehr rechtzeitig zurückkommen. Sie hatten gesagt, nur kurz ...«

»Ach, nur noch ein paar Stufen ...«

Ich könnte es zwar nicht mit Sicherheit sagen, aber irgendwie kommt mir diese Treppe bekannt vor, sie muss zu einer Stelle am Bug führen, wo ich schon mal gewesen bin. Ab und zu dreht sich die Frau nach mir um und verschiebt mit einer schnellen (durchaus beabsichtigten) Bewegung ihren korallenroten Rock mit dem höchst provokanten (geradezu schwindelerregenden!) Schlitz und lässt so mal ein sonnengebräuntes Bein, mal ein kleines Schmetterlingstattoo an der Hüfte aufblitzen, so dass ich einfach gar nicht anders kann und mir die fatale Frage stellen muss: »Trägt sie einen Slip oder nicht?«

Jetzt sind wir endlich oben, sie fährt sich neckisch durch die vom Wind zerzausten Haare und sieht mich dabei verführerisch an.

»Wir sind da!«

Oje, ja, das sind wir wirklich! Jetzt erkenne ich es wieder! Es ist genau die Terrasse, auf die mich vor ein paar Tagen schon Jutta geführt hat. Da ist ja auch das Seil, mit dem der Zugang zu dem Bereich ganz vorn am Bug abgesperrt ist.

»Nein, also hören Sie … Es tut mir ja leid, Sie enttäuschen zu müssen, aber hier können wir das Foto nicht machen. Außerdem ist es auch sehr gefährlich. Das hat sogar der Kapitän gesagt.«

»Gefährlich?! Ach was … Sagen Sie jetzt bloß nicht nein!«

Zwei andere Gäste laufen an uns vorbei und sehen mich ganz merkwürdig an.

»Ist jetzt nicht Ihre Lesung?«

»Doooch, ich komme gleich«, erwidere ich mit hochrotem Kopf. Mir ist das Ganze wirklich sehr peinlich.

Ein Möwenschwarm lässt sich urplötzlich vor uns nieder, kein Zentimeter bleibt frei. Mindestens zwanzig oder dreißig Vögel. Die Dame zerrt mich einfach am Arm weiter, hebt das Seil hoch und schwups! sind wir drunter durch. Aufgeregt flattern die Möwen hoch. Dann holt sie aus ihrer Tasche eins von diesen Ministativen mit Teleskopbeinen und eine kleine Spiegelreflexkamera. Sie zwinkert mir verschwörerisch zu, um mich zu beruhigen … Na ja, was ist denn schon dabei? Im Grunde ist sie doch nur ein harmloser Fan, der gern ein Foto für sich hätte, mit dem sie bei ihren Freundinnen angeben kann.

»Lassen Sie mich fliegen, Bruno?«

»Sie haben's also auch mit *Titanic*? Oje, wenn Jutta mich jetzt sehen würde …«

Das Stativ steht vor uns auf dem Boden. Sie richtet es aus (genau auf die Bugspitze), und ehe ich die Arme um sie legen kann, dreht sie sich zu mir um. Sie legt mir einen Finger auf die Lippen, um mir zu bedeuten, dass ich schweigen soll. Doch bevor die Kamera auslöst – 60 Sekunden bis zum Foto –, will sie mir noch eine Frage stellen. Eine sehr intime. Und will auf jeden Fall eine Antwort darauf, die ganz sicher unter uns bleiben würde.

»Na gut … Fragen Sie, aber schnell … Mir wird leicht schwindelig …«

»Haben Sie jemals Ihre Partnerin betrogen?«

»Also, entschuldigen Sie mal, Signora … Wir kennen uns doch gar nicht … Sie haben mich um ein Foto gebeten, und aus Freundlichkeit habe ich zugestimmt. Sind das etwa Fragen, die man sich hoch oben an der Bugreling eines Schiffes stellt??? Wie auch immer, die Antwort lautet: Nein!!«

Das steckt sie ohne mit der Wimper zu zucken weg. Sie hat verstanden, dass sie keine Chance hat. Ich sehe nur, dass sie an der Abfuhr heftig schlucken muss. Wortlos dreht sie sich um und kehrt mir den Rücken zu, sie breitet die Arme aus, stellt sich auf die Zehenspitzen und fordert mich auf, ihr den Arm um die Taille zu legen. Wenige Sekunden später hat uns der Selbstauslöser verewigt.

»Vielen Dank für dieses Foto. Und entschuldigen Sie, falls ich etwas zu aufdringlich war.«

Sie war wirklich ziemlich aufdringlich. Einer von den Menschen, die meinen, sie könnten sich alles herausnehmen, nur weil man ein bisschen nett zu ihnen ist. Und jetzt, wo ich sie aus der Nähe gesehen habe, erkenne ich, dass viel von ihrer Jugendlichkeit dem Botox geschuldet ist. Sie gehört wohl zu den Frauen, die es gar nicht gern hören, wenn man sie für älter hält, als sie sind. Jetzt weiß ich, was für einen Typ ich vor mir habe. Da ist mir meine Jutta doch tausendmal lieber, die sagt: »Diese Falten habe ich mir mühsam in fünfzig Jahren angelacht!«

Wenn sie mich jetzt so sähe, o mein Gott! Was habe ich mir bloß dabei gedacht, hier hochzuklettern! Noch dazu mit einer anderen Frau! Das verzeiht sie mir niemals. Ich hatte es ihr versprochen. Außerdem lieben wir beide Sonnenuntergänge, und wir haben uns geschworen, sie nie mit jemand anderem zu teilen (ausgenommen unsere Kinder). Ich weiß auch schon, wie sie reagieren würde: Erst würde sie lächeln, und dann würde sie diese Sabine gnadenlos nachmachen. O ja, sie ist großartig darin, Menschen, die sie nicht leiden kann, perfekt zu imitieren.

Aber Jutta ist nicht eifersüchtig – das war sie nie –, sie reagiert nur empfindlich auf übertriebene Aufmerksamkeiten von einigen allzu hartnäckigen weiblichen Fans. Was kann ich denn dafür, wenn die Frauen mich immer für den leidenschaftlichen Südländer halten?

»Entschuldigen Siiiie, falls ich etwas zuuuu aufdringlich waaar!!!«

Bei dieser perfekten Imitation von Sabines schriller Stimme in meinem Rücken erstarre ich. Ich drehe mich nicht um, ich würde sowieso kein Wort herausbringen. Nur Sabine schafft es. Ihre grünen Augen starren auf einen Punkt neben dem Stativ mit der Kamera. Sie lächelt. Hat ihr etwa Juttas Imitation gefallen?

»Guten Abend, Frau Speidel, kommen Sie doch bitte auch. Ich würde sehr gern noch ein Foto mit Ihnen beiden machen.«

Ein Sturm, ein Seebeben, eine Meuterei, ja sogar ein Eisberg, alles wäre weniger schlimm für mich als dieser Moment! Ich spüre, wie sich mir die Kehle zuschnürt, das kommt von einer Mandel im Hals, die immer dann anschwillt, wenn ich Schreckliches ahne. Wenn ich dieses Gefühl beschreiben sollte ... Nun ja, es fühlt sich an, als hätte ich einen Tischtennisball verschluckt. Mir schwant schon, dass unausweichlich weitere Vorwürfe und Streitereien auf mich zukommen. Ich drehe mich um, ohne wirklich etwas wahrzunehmen, klettere über das Seil zurück, ganz automatisch, währenddessen kreisen meine Gedanken ununterbrochen in meinem Kopf: »Was sage ich denn jetzt? Etwa die Wahrheit? Das wird sie mir doch niemals abnehmen!«

Jutta folgt mir kommentarlos; schweigend gehen wir in den Kinosaal und tun so, als wäre nichts vorgefallen. Alles läuft glatt: Ich schlucke meinen »Tischtennisball« hinunter, und sie kann ihren Ärger prima verbergen. Wir lächeln und strahlen während der ganzen Veranstaltung miteinander um die Wette. Und nach den üblichen Neckereien endet die Lesung mit tosendem Applaus und »Zugabe«-Rufen.

Eigentlich ist mir jetzt gar nicht nach einem fröhlichen Abendessen in Gesellschaft unserer Freunde zumute. Außerdem könnte alles passieren ... Vielleicht schüttet Jutta mir ja in einem plötzlichen Wutanfall ihr

Glas Wein ins Gesicht! Aber sie sieht nur traurig aus. Allerdings ist ihr möglicherweise so etwas Ähnliches durch den Kopf gegangen, denn sie fährt für meine Begriffe ein wenig zu lange mit dem Finger über den Rand ihres Weinglases. Ich hoffe, sie tut es nicht wirklich … Während der Kellner mit dem Korkenzieher hantiert, muss ich aufpassen, was ich sage. Ich sehe hilfesuchend zu Helmut hinüber: Eine auflockernde Bemerkung von ihm könnte dieses schreckliche Schweigen auflösen.

»Aber wer war sie denn? Könntest du sie uns wenigstens mal zeigen?«

»Ich erinnere mich ja nicht einmal mehr an sie, Helmut … Ich habe sie hier im Restaurant noch nie gesehen.«

Der Kellner schenkt ein. Jutta zieht ihre Hand zurück. Jetzt hat sie die Finger unterm Kinn verschränkt. Karin kaut langsam an ihrem Risotto mit Scampi. Ab und zu wandert ihr Blick zu Helmut, als würde sie seine Gedanken lesen:

»Siehst du, ich bin nicht der Einzige, der eifersüchtig ist.«

Liegt es am Wein oder an der unterdrückten Wut, auf jeden Fall hat sich Juttas Gesicht deutlich gerötet.

»Das sollte unser Foto werden!«

»Wie hätte ich das denn wissen können, Schatz? Es ist alles so schnell gegangen – sie hat mich einfach mitgeschleppt … Ich hab ihr ja noch gesagt, dass man da nicht hindarf.«

»Und dann hast du ihr sogar noch den Arm um die Taille gelegt! Könnt ihr euch das vorstellen?! Das kommt nur von seiner Eitelkeit … Mit der Ersten, die ihm über den Weg läuft, turtelt er herum – Nein, nein, nein … Du spinnst doch.«

»Ich habe gar nicht mitbekommen, dass es zwanzig Minuten gedauert hat.«

»Und ich denke noch, dir ist schlecht geworden oder du kriegst die Klotür nicht mehr auf. Das ganze Schiff lacht über uns! Wenn dieser Mann mir nicht gesagt hätte, dass er dich oben auf der Treppe gesehen hat, wäre sogar noch die Lesung ins Wasser gefallen … Und übrigens, das hier ist keine Eifersuchtsszene – das hättest du wohl gerne … Nein, ich schütte unseren Freunden hier nur mein Herz aus, wie unzuverlässig du bist. Ein kleines Kompliment, ein wenig Honig um den Bart – und schon schwillt dir der Kamm …«

»Jutta, bitte … Es gucken schon alle!«

»Und sein Ego wächst und wächst und wächst ins Unermessliche …«

»Also, jetzt langt es aber! Was ist denn schon so schlimm an einem Foto? Willst du mich jetzt deswegen umbringen? Okay, wenn du das willst – bitte. Wo ist deine Waffe?«

»Jetzt versuch bloß nicht, witzig zu sein. Natürlich hier in meiner Handtasche. Sie hat einen kleinen Griff, damit sie auch reinpasst.«

Was für ein gefundenes Fressen für Außenstehende, uns in Abendgarderobe bei einem Dialog über Pistolen und Mordphantasien zu belauschen.

»Na gut, dann erschieß mich doch hier vor allen Leuten!«

Der Kellner ist zurückgekommen, und bleiernes Schweigen senkt sich wieder über unseren Tisch, sogar die Windlichter wirken bedrückt. Professor Schäufele nähert sich, um uns zu begrüßen. Da versucht Helmut, mich unter dem Tisch vors Schienbein zu treten, doch leider trifft er das Stuhlbein, und noch dazu mit solcher

Wucht, dass ich dem Professor fast in die Arme fliege. Ich schüttele ihm die Hand, dann stellen wir uns etwas abseits und tauschen ein paar Nettigkeiten aus. Die Atmosphäre ist angespannt. Jutta kaut langsam und ohne Genuss auf ihren Meeresfrüchten herum. Karin starrt in ihr Risotto, auf der Suche nach einem Satz, der den Augenblick am besten trifft:

»Du hattest recht, man kann den Männern nicht trauen!«

Ich höre dem Professor zu, aber leider bekomme ich alles mit, was sie sagt.

»Das war schon richtig, ihm die Meinung zu geigen, so hast du ihm wenigstens ein schlechtes Gewissen gemacht ... Er hat es ja auch anscheinend nicht absichtlich gemacht ... Schlimm ist es nur, wenn du nicht weißt, wie die Dinge wirklich liegen.«

Später in der Bar erzähle ich alles Professor Schäufele, weil ich hoffe, wieder in den Genuss einer seiner großartigen Weisheiten zu kommen.

»Guter Mann, irgendetwas an dieser Geschichte passt nicht zusammen ... Eifersucht? Die ewige Grundsatzfrage über das Wesen der Liebe, die aus einer Nichtigkeit durch ein Wechselspiel von Missverständnissen zu einem Koloss heranwächst. Keiner weiß, was uns leiden lässt ... Manch einer meint ja, genau das wäre das geheime Wesen der Liebe. Vielleicht. Aber wer kann das mit Sicherheit behaupten? Ich habe gehört, welche Empörung in der Stimme Ihrer Jutta mitschwang ... Ich glaube allerdings, der wahre Grund für ihre Vorwürfe ist ein ganz anderer – nämlich Enttäuschung. Enttäuschung über Ihren ›Seitensprung‹!«

»Aber, aber, Professor, jetzt übertreiben Sie wirklich! Ich habe doch nur ein Foto gemacht!«

»Wollen wir dann von einer ›kleinen Flucht‹ reden?«

»Ich war nur mal kurz weg … Ich bin doch nicht geflohen!«

»Aber das werden Sie noch, mein Guter, das werden Sie noch, wenn Sie keine rationale Erklärung für Ihr Verhalten finden. Und so läuft man in die Irre. Sie konnten selbst entscheiden, ob Sie dieses Foto machen oder nicht – genau an diesem Ort und mit dieser Person … Abgesehen davon haben Sie mir selbst gesagt, dass dies eigentlich ›verbotenes Terrain‹ war. Wenn Sie es dennoch getan haben, dann haben Sie sich bewusst dafür entschieden, keiner hat Sie gezwungen.«

»Es war nur eine nette Geste – ich wollte nicht unhöflich erscheinen …«

»Weil Sie zu nachgiebig waren!«

»Wenn Sie das meinen … Aber sehen Sie, Jutta war noch nie eifersüchtig.«

»Womit wir wieder beim Thema wären. Es handelt sich nicht um Eifersucht. Das habe ich schon gesagt. Sondern um Enttäuschung. Wenn man jemandem ein Versprechen gibt, dann muss man es auch halten. Immer. Nichts verletzt, vergiftet, vergällt mehr als Enttäuschung. Verbitterung ist ein Schmerz, der immer aus einem gebrochenen Versprechen herrührt, eine Niederlage aus Vertrauen, das hintergangen wurde, weil jemand, an den wir immer geglaubt haben, auf einmal das Gegenteil tut.«

»Gut gesprochen! Ist das auch ein berühmtes Zitat?«

»Nein, das ist von mir. Gute Nacht.«

Als wir in unsere Kabine zurückkehren, sprechen wir

nicht einmal mehr miteinander. Aus der Nebenkabine
dringen leise die Stimmen von zwei Leuten, die sich
streiten. Sofort denke ich, dass es bestimmt ein untreuer
Ehemann ist, dem die Frau, während sie sich umarmen,
Vorwürfe macht, dass er nicht leidenschaftlich genug ist.
Die übliche Phantasie, die von gegenseitigen Verdäch-
tigungen gespeist wird. Aus einem Reflex entsteht in
unserer Vorstellung ein ganzes Hirngespinst an Betrug
und Lügen, von dem das Opfer gar nichts weiß.

Ich erinnere mich noch, wie verwirrt ich einmal
war, als ich an einem Sonntag vor vielen Jahren im Zug
saß und eine Reisende in meinem Abteil vor sich hin
schluchzen hörte. Eine mir völlig Unbekannte schien in
ihren Tränen den ganzen Schmerz der Welt auszudrü-
cken, nur weil sie erfahren hatte, dass ihr Mann mit einer anderen Frau zu ihrem Lieblingssong getanzt hatte.
Damals kam mir das eigentlich bloß lächerlich vor.

Ich seufze laut auf und vergrabe meinen Kopf im
Kissen. Wie sehr habe ich mich heute bloß zum Affen
gemacht?

8. TAG

Die pulsierende Stadt und
ein Besuch bei Mama Dolores
Jutta

Erbarmungslos klingelt der Wecker um sieben Uhr.
Heute heißt es früh aufstehen, denn wer sich Perus
Hauptstadt ansehen will, muss um 8.30 Uhr in den Bus
steigen. Nach einem tiefen Blick in die übernächtigten
Augen beschließen Bruno und ich, unseren gestrigen
Zwist mit den vielen Gläsern Wein hinuntergespült zu
haben und den Satz des Tages, den eine sehnsüchtige
englische Seele geschrieben hat, zu beherzigen: TAG-
TRÄUMEN IST NICHT VERLORENE ZEIT,
SONDERN EIN AUFTANKEN DER SEELE.

»Siehst du«, meint Bruno, »genau das mache ich doch
nur, ich tanke auf! Und du beschuldigst mich immer,
Zeit zu vergeuden, dabei denke ich doch nur nach.«

Dagegen kann ich ja nichts sagen, nur frage ich mich,
warum er zum Beispiel nicht nachdenken kann oder
auftanken und gleichzeitig die Geschirrspülmaschine
ausräumen. Na egal, Multitasking ist halt nicht seine
Sache.

Während wir unser Frühstück einnehmen, lese ich
die Ausflugtipps für den heutigen Tag durch. – BITTE
ERWARTEN SIE KEINE PERFEKTE AUSFLUGS-
ABWICKLUNG. DIE TRANSPORTMITTEL
SIND OFT EINFACH!, steht da geschrieben, oder
DIE MIKROPHONE SIND
OFT NICHT FUNKTIONS-
TÜCHTIG. Ach nee, das ist

ja ganz was Neues! Des Weiteren bittet man uns, sofort in den Bus zu hechten, weil es keine Platzreservierung gibt. Also ist Hauen und Stechen angesagt. Das gefällt uns nicht, und wir beschließen, uns in keinem Fall hetzen zu lassen. Wir haben einen ganzen Tag Zeit, um uns Lima und seine Sehenswürdigkeiten anzusehen, und es fährt sicherlich nicht nur ein Bus in die 14 km entfernte Stadt. Die Erfahrung der vergangenen Woche hat uns gelehrt, dass es immer mehrere Möglichkeiten gibt.

Genau wie vermutet verhalten sich unsere lieben Mitpassagiere. Sie rennen, kaum dass das Schiff vom Zoll freigegeben ist, die Gangway runter und klettern in den bereitstehenden Bus, um das beste Plätzchen zu erhaschen. Mein Italiener hat eine SMS von seiner Tochter aus Rom bekommen, in der sie ihm ein Foto von der verschneiten Hauptstadt schickt. Bruno ist völlig aus dem Häuschen! Seit 52 Jahren ist Schnee in Rom niemals länger als eine Stunde liegen geblieben, und nun heißt es: Schneechaos in Rom, und die Menschen würden auf Plastiktüten den Gianicolo hinunterrutschen. Schulen und Universitäten sind geschlossen, und kein privates Auto darf ohne Schneeketten auch nur einen Meter fahren. Zu gerne würde ich das live erleben, Chaos in der sowieso chaotischen Stadt! Na, das bietet Gesprächsstoff für die nächsten sechs Monate, bis zur dreimonatigen Dauerhitze, die wieder ihre Opfer fordern wird! Das Land liebt Superlative, sie entsprechen seinem dramatischen Talent! Die Katastrophe wird herbeigesehnt, um leiden zu können, und die Ausweglosigkeit der Situation genutzt, um eine ordentliche Siesta zu machen, die durchaus Tage anhalten kann. Wobei wir mal wieder beim Tagträumen angekommen sind.

Da der Bus im Nu voll besetzt ist, jedoch außer uns

noch mehrere Gäste eine Transportmöglichkeit nach Lima brauchen, vertröstet man uns auf eine halbe Stunde, bis ein anderer Bus angefordert ist, der uns abholt. Um uns die Zeit zu versüßen, tanzt die obligatorische Tanzgruppe, die in den Folklorekostümen des jeweiligen Landes immer am Hafen bereitsteht. Also, was bleibt mir anderes übrig, ich schaue dem Ringelreihen zu, während sich Bruno nach einem Internetcafé erkundigt. Er muss den Schnee jetzt gleich sehen, bevor er wieder schmilzt. Ich kann ihn ja verstehen. Kurz darauf kommt er zurück und verkündet, er habe mir ja gesagt, dass er diese Schamanin besuchen würde, um seine Angstzustände behandeln zu lassen, und dort könne er in jedem Fall ins Internet. Hier hätte er nämlich keine Möglichkeit dazu. Draußen vor dem Hafen stehen Taxis, und er schlägt vor, dass wir uns eins schnappen und gemeinsam zu der Zauberin fahren. Auf meine Frage, ob die Schamanin denn in der Innenstadt wohne, zuckt er mit den Achseln.

»Ich glaube eher, etwas außerhalb, so, wie Susana es mir beschrieben hat, komm halt mit, und warte dort auf mich, und dann fahren wir in die Altstadt.«

Eigentlich habe ich wenig Lust, Zeit zu vergeuden, wenn ich schon mal in Lima bin, und so beschließen wir, dass ich auf den Bus warte und in die Stadt fahre und er mit dem Taxi zu der Schamanin. Danach treffen wir uns vor der Kathedrale. Uhrzeit ungewiss, aber wir haben ja ein Handy. So trennen sich unsere Wege mal wieder. Gerade in so einer Millionenstadt sollte man das eigentlich nicht tun, aber wenn es nicht anders geht … Spätestens zum Abendessen sehen wir uns auf der Poseidon. Mir ist ein bisschen mulmig bei dem Gedanken.

Kaum ist eine Stunde vergangen – Perutime –, sitze ich ohne Bruno, aber nicht allein, dicht an dicht mit

195

den anderen Fahrgästen in einem viel zu kleinen klapprigen Bus. Auf einer schier endlosen Fahrt mit Dauerstau, an trostlosen Behausungen vorbei, quälen wir uns in die Stadt. Dunstig ist es, und Lima erinnert mich an London, denn die dreckigen Fensterscheiben verdichten den Nebel nur noch mehr. Der heutige Fremdenführer, der übrigens hervorragend Deutsch spricht, ebenso Englisch und Italienisch, erklärt uns, dass es in Lima nie regnet und vormittags immer Nebel herrscht, bis sich die Feuchtigkeit der Nacht, die vom Meer kommt, nach oben verzogen hat und unter dem Dreck, der in der Luft hängt, die Sonne hervorkommt. Also ein grundgesundes Klima in Lima!

Je näher wir der sogenannten Altstadt kommen – Lima hat verheerende Erdbeben und Brände hinter sich –, desto schöner wird es. Stolz erzählt uns der Peruaner, der überdies auch noch gut aussieht, dass wir nun gerade neue und absolut angesagte Stadtteile von Lima durchfahren. San Isidro und Miraflores können sich nur sehr betuchte Menschen leisten, aber nachts strömen junge Leute hierher, denn hier sind die hippsten Diskos und Restaurants der Millionenmetropole. Miraflores hat auch einen Parque del Amor, in dem sich Liebespaare treffen und heimliche Schäferstündchen verbringen. Natürlich hält hier der Bus, und wir bestaunen eine große Parkbank in Schlangenform, die über und über mit buntem Mosaik verziert ist. Da durfte sich ein Künstler austoben. Ansonsten gibt es ein paar nette Hibiskussträucher und grünen Rasen, der erstaunlich saftig aussieht, und das war`s dann auch schon. Der Blick auf den weiten Ozean ist schön, wenngleich milchig dunstig, aber man spürt das Flair einer großen Hafenstadt, und das mag ich besonders gerne.

Gerade hier am Pazifik ist die Luftfeuchtigkeit besonders hoch, und im Nu fühlt man sich wie aus dem Wasser gezogen. Zurück im tiefgekühlten Bus, klebt uns dann die Feuchtigkeit auf der Haut, und die Gänsehaut ist zwei Millimeter hoch. Ich überlege, wie und wo ich am schnellsten hier rauskomme und mich zu Fuß weiterbewege, denn es ist immer noch besser, draußen zu sein, als alle 15 Minuten einen Temperatursturz von 30 Grad zu erleben.

Als unser flotter Fremdenführer den Besuch des Klosters San Fransisco ankündigt, seile ich mich mit meinem Stadtplan ab. Es sind nur wenige Minuten zum Regierungspalast und zu der Plaza de Armas, wo sich auch die Kathedrale befindet. Ganz gemütlich werde ich mir erst mal den Platz und die Militärparade anschauen, und dann wird ja irgendwann Bruno auftauchen.

Prächtig und mit großer Sorgfalt instand gesetzt sind hier die Gebäude aus der Kolonialzeit. Besonders schön sind die reichverzierten geschnitzten Holzbalkone und Alkoven. Dicke dunkle Vorhänge hängen an den Fenstern, und ich stelle mir vor, wie die adligen und einflussreichen Damen der Gesellschaft sich dahinter verborgen haben, um das Treiben der Stadt unbeobachtet vom Pöbel betrachten zu können. Sicherlich haben sie, außer in ihren Innenhöfen, selten das Sonnenlicht genossen. Der Einfluss der spanischen Eroberer war immens, und zu schnell war der Ruf einer Frau ruiniert, wenn sie sich unters Volk begab, zumindest in diesen Kreisen. Wenn man dann noch das schwere Tuch betrachtet, in das die bessere Gesellschaft zur damaligen Zeit gehüllt war, bin ich doch heilfroh, dass ich heute mit meinem luftigen Sommerkleidchen und Sonnenhut so unbehelligt durch die Straßen streifen kann. In einer

der Nebengassen stoße ich auf einen Markt. Auch hier
dominiert der Stil des Fin de Siècle. An der Markthalle,
die sich rechts und links der Gasse hinzieht, sieht man
diese schöne Eisen- und Glaskonstruktion, die es auch
in Europa gibt. Kunterbunt ist alles. Die Buden sind voll
mit Wollbekleidung, von den Hosen über die Jacken
und Pullover bis zu den Mützen und Handschuhen in
den abenteuerlichsten Farben. Ich bin erstaunt, denn
es herrschen sicherlich 35 Grad, und ich frage mich,
wer da freiwillig einen dicken Alpakapulli anprobiert.
Aber dann entdecke ich etwas, was ich unbedingt haben
muss! Nur in welchen Farben? Gewebte Rucksäcke
mit Vögeln, in Kobaltblau, Tomatenrot und Senfgelb!
So wunderschön! Ich lege sie auf einen Stapel Pullis,
die Entscheidung fällt mir schwer. Die rundliche, glutäugige Verkäuferin, die mich scheu betrachtet, sagt kein
Wort. Steht einfach nur da und wartet ab. Das macht sie
mir unheimlich sympathisch. So ganz anders ist hier das
Verhalten der Marktverkäufer, nicht aufdringlich wie
in Marokko oder in arabischen Staaten. Hier darf ich
schauen, es befühlen, innehalten, überlegen, und als ich
nach dem Preis frage, ihn in Euro umrechne und kaum
glauben kann, was so ein Rucksack kostet, steht mein
Entschluss fest, ich nehme sie alle drei. Jeweils einen für
meine Töchter und einen für mich. Ich bin so glücklich
darüber, dass ich gleich meine Handtasche mitsamt den
anderen beiden in den kobaltblauen Rucksack stecke
und ihn mir auf den Rücken schnalle. Die süße In-
kafrau lächelt und hat wahrscheinlich das Geschäft der
Woche mit mir gemacht, denn viele Touristen kann ich
auf dem Markt nicht entdecken. Ihre Freude ist auch
meine Freude, und vor lauter Begeisterung kaufe ich
ihr noch fünf Paar Handschuhe ab. Schade, dass gerade

Weihnachten war, sonst hätte ich jetzt prima Geschenke eingekauft.

An einem anderen Stand duftet es nach Gewürzen, und weil ich mir immer aus allen Ländern, die ich bereise, Kräuter und Salz mitnehme, kaufe ich ein Säckchen Anden-Oregano, der einen derartigen Duft verströmt, dass ich ganz benebelt bin. Ich stecke ihn zu den Handschuhen in den Rucksack, so haben diejenigen, denen ich die Handschuhe schenke, auch noch was davon.

Es wird Zeit, zur Kathedrale zu gehen und den mittlerweile hoffentlich angstfreien Bruno zu treffen. Irgendwie erscheint es mir ein bisschen lächerlich. Ausgerechnet er, der sich nie für Schamanismus interessiert hat und keinen Heller auf Okkultes gibt, glaubt an die ultimative Heilung von über fünfzig Jahren antrainierter Neurose in einer einzigen Sitzung! Na super, wenn das funktioniert, fallen mir auf Anhieb zwanzig Freunde ein, die ich sofort nach Lima schicke! Egal, welche Neurose derjenige hat, zack, setzt er sich fünf Stunden später völlig bekehrt und geheilt in den Flieger zurück in die Heimat. Ich werde die Adresse der Schamanin dann auch ins Bundeskanzleramt schicken oder in die bayrische Staatskanzlei, denn auch dort gibt es genügend Kandidaten. Die Schamanin wird reich, und Deutschland ist geheilt von der Neurose Selbstüberschätzung. Ich sehe schon, wie mir das Bundesverdienstkreuz ans Revers gehängt wird. In der Tagesschau wird man mich erwähnen! Die Bildzeitung schenkt mir die Titelseite, auf die ich doch schon immer wollte, und ich werde zur Sendung MENSCHEN DES JAHRES eingeladen. Aber danach muss ich wohl auch noch mal nach Lima fliegen.

Wie kann es anders sein, kein Bruno weit und breit!

Ich setze mich auf den Mauervorsprung neben den Eingang der riesigen Kirche. Hier ist Schatten, und wenigstens ein kleines Lüftchen weht. Ich kann von hier den ganzen Platz überblicken und das rege Treiben der Menschen beobachten. Mittlerweile ist es 12 Uhr mittags und Wachablösung am Palast. Genau wie in London am Buckinghampalast oder vor dem Vatikan die Schweizergarde, steht hier die Palastwache still wie Zinnsoldaten vor den kleinen Holzhäuschen, in die sie bei Regen flüchten dürfen. Also nie, grinse ich, bei dem Klima in Lima. Dafür schwitzen sie ordentlich in ihren Uniformen, die Armen. Vielleicht dürfen sie ja in die Hüttchen, wenn's unter 30 Grad ist, sozusagen in die Schwitzhüttchen, damit sie nicht frieren. Angeblich herrscht hier aber immer die gleiche Temperatur, plus / minus zwei Grad rauf oder runter. Ein Alptraum, wenn ich hier leben müsste! Aus den Palasttüren, die sich nun öffnen, schreiten im Stechschritt die Zinnsoldaten zur Wachablösung. Kerzengerade hoch das Bein, links, rechts, links, rechts, dazu die Arme vor, zurück und vor. Das Gewehr geschultert. Stillgestanden! Die Touristen applaudieren. Dann ertönt Marschmusik. Die bislang völlig reglos, sicher kurz vor dem Koma stehenden Soldaten der ersten Schicht setzen sich in Bewegung, um in ebensolchem Gleichschritt in die Kühle des Palastes zurückzukehren. Dort fallen sie wahrscheinlich ohnmächtig zu Boden.

Nachdem ich eine weitere halbe Stunde hier vor dem Portal der Kathedrale gewartet habe, schreibe ich Bruno eine SMS, dass ich nun in die Kirche gehe und mir später die Katakomben mit den Skeletten ansehe. Falls er mich weiterhin warten ließe, könne er mich dann dort in einigen Jahren bei den Gebeinen finden.

Wie nicht anders zu erwarten, haben sich die spanischen Eroberer bei dem Bau der Kirche ordentlich ausgetobt. Die Allmacht der katholischen Kirche darzustellen und alles zunichtezumachen, was den Glauben der Inkas fürderhin am Leben erhalten könnte, war allein ihr Ansinnen. So stellte sich die Kirche in ihrer prächtigsten Art dar. Das Gold der Inkas wurde geschmolzen und neu verarbeitet. Die Altäre und Heiligenfiguren erstrahlen in purem Gold. Edelsteine verzieren die Gewänder, und sowohl die Madonna wie auch Jesus am Kreuz haben über hundert verschiedene Gewänder, die im Wochenrhythmus ausgetauscht werden. Von einer JESUS FASHION FAIR habe ich noch nie gehört. Ich staune. Insgesamt ist dieses Gotteshaus von erlesenem Geschmack. Wunderschön sind auch die Bodenfliesen aus geschliffenem Marmor. Es gibt ein Kabinett mit Schmuck, wo man die Repliken erwerben kann, die Originale befinden sich an den Statuen im Innern der Kathedrale. Vornehmlich Lapislazuli und Jade wurden verarbeitet, und da ich mir gerade ein bisschen leidtue, weil ich immer noch allein hier herumstolpere, muss ich mich belohnen und kaufe mir ein Paar entzückende Ohrringe, die zwar wenig kosten, aber sehr teuer aussehen.

Zurück im Hauptschiff, entdecke ich plötzlich meinen »gereinigten« Italiener, wie er verbotenerweise mit seinem Handy Fotos macht. Ich pirsche mich von hinten an und flüstere ihm mit meiner tiefsten Stimme ins Ohr:

»*Guardarsi dai borsaiuoli, Signore.*«

Sofort fährt er herum und schaut in seinen Rucksack, der auf dem Boden steht. Ich lache, denn ich habe ihn ja nur darauf aufmerksam gemacht, dass es hier Taschendiebe gibt.

»Na, die Behandlung deiner Angstneurose scheint ja noch keine Wirkung gezeigt zu haben.«

Auch er muss lachen, und ich versichere ihm, dass ich nun doch sehr beruhigt bin, einen furchtlosen Mann an meiner Seite zu haben, der mit mir ins Reich der Toten hinabsteigt. Ich meine das wirklich ganz im Ernst, denn ich bin in der Tat ein Hasenfuß, was solche Dinge angeht. Zum Beispiel gehe ich äußerst ungern und nur, wenn ich genötigt werde, auf dem Oktoberfest in eine Geisterbahn. Bruno weiß das und redet jedes Jahr so lange auf mich ein, bis ich um des lieben Friedens willen nachgebe und mit ihm in so ein blödes Ding steige. Sobald wir dann mit unserem Wagen ins Dunkle kommen, verstellt er seine Stimme gespenstermäßig, tippt mir auf die Schulter oder haucht mich von der Seite an, bis ich erschrecke und hysterisch schreie.

Diese Katakombe jedoch hat so gar nichts mit einer Geisterbahn zu tun. Über 15 000 Knochenfunde liegen gesäubert, in Reih und Glied auf weißem Sand gebettet, in verschiedenen Abteilungen. Fingerknöchelchen neben Fingerknöchelchen, Oberschenkel neben Oberschenkel, Schädel neben Schädel, zum Teil hintereinander, zum Teil sehen sie sich an. Es ist absurd. Manchmal sind die Knochen sternförmig aneinandergereiht, ein anderes Mal im Kreis. Als ob sich einer einen Spaß daraus gemacht hat. Hier ist nie ein ganzer Mensch zu sehen, sondern lediglich die Knochensorten passen zusammen, aber sie gehören zu tausend unterschiedlichen Menschen. Ich finde das würdelos. Wenn ich einer dieser Schädel wäre, dann hätte ich doch gerne meine eigene Wirbelsäule an mir dran. So aber liegt sie eventuell 50 Meter entfernt von mir in einem anderen Saal. Wer hat sich diese Ordnung nur ausgedacht? Auch Bruno findet es seltsam, nur berührt es ihn in keiner Weise, vielmehr möchte er gerne wissen, wie alt die Funde sind und ob das Spanier oder Peruaner, Verbrecher oder Kardinäle waren. Wer weiß, wo da der Unterschied ist?, frage ich mich und fordere ihn auf, doch mal auf die Schildchen zu schauen. Er versucht das Spanische ins Italienische zu übersetzen und dann ins Englische und stellt fest, dass er zu wenig Spanisch versteht. So wandern wir ohne jede weitere Erkenntnis durch die gesamte Katakombe, um am Ende festzustellen, dass wir uns das auch hätten sparen können. Aber weiß man's vorher?

Auf dem Weg vom Markt zur Kathedrale bin ich an einer alten Bar vorbeigekommen, sie ist genauso, wie ich mir in Hemingways Romanen seine Bars vorgestellt habe. Aus glänzendem hellen Holz geschnitzt, mit riesigem Tresen. Dahinter an der Wand deckenhohe Regale, auf denen schön in Reih und Glied die Flaschen stehen. Uralte Whiskys, Brandys, Liköre, Weine, Flaschen, die umso verstaubter sind, je weiter oben sie platziert sind. Flaschen, die eine Geschichte haben und nicht nach billigem Supermarkt aussehen. Die Kellner sind ein wenig arrogant, abgeklärt und erfahren, auch sie haben ihre Geschichten, die mit den Flaschen zu tun haben und mit denen, die sich den Inhalt einverleibt haben. Kleinigkeiten kann man dort essen, undefinierbare Kuchen, deren Zusammensetzung süß oder sauer sein kann. In diese Bar möchte ich, mich dort von den Totenköpfen erholen und mir bei einem guten Schluck Wein und Kuchen erzählen lassen, was die Schamanin mit meinem Freund gemacht hat. Auch Bruno hat diese Bar gesehen und vorher bereits von ihr gehört, denn sie ist die älteste und berühmteste Bar in Lima. Also machen wir uns auf den Weg dorthin.

Reges Treiben empfängt uns, wir sind offenbar nicht die einzigen Touristen, die sie entdeckt haben, können jedoch einen Tisch ergattern Eh ich mich versehe, stellt uns der Ober Gläser mit einem total leckeren, aber hochprozentigem Alkohol vor die Nase, Pisco Sour, das Nationalgetränk der Anden. Nun traue ich mich auch, ein Stück von diesem Kuchen zu probieren, der mich schon vor Stunden gelockt hat. Es ist gar kein Gebäck, sondern gehackter Fisch und Krabben mit Erbsen und Karotten in gestocktem Ei. Nicht schlecht, aber sehr reichhaltig. Das mit zwei Pisco Sour hinuntergespült, und man kann mich zum Schiff zurückrollen. So sitze ich, diese Mahlzeit langsam verdauend, versunken in meinem Sitz und beobachte zwei Männer, die in ein Brettspiel vertieft sind. Es sieht wie eine Mischung aus Mühle und Backgammon aus, sie würfeln, und es geht um ein paar Sol, die sie gewinnen oder verlieren. Sicherlich haben sie ein Leben voller Arbeit und Mühe hinter sich, jetzt sitzen sie hier tagsüber und vertreiben sich die Zeit. Ich bezweifle, dass sie eine Rente beziehen, von der sie leben können, aber irgendwie kommen sie über die Runden, und es scheint ihnen dabei gutzugehen.

Nur ungern verlassen wir diese Idylle, aber wir müssen heute noch unsere Koffer packen, ein gemeinsames Abschiedsdinner mit unseren Freunden Karin und Helmut hinter uns bringen, und dann hat Bruno noch eine Überraschung für mich, wie er geheimnisvoll ankündigt. Na, da bin ich aber gespannt!

Morgen früh werden wir an den heiligen Fluss reisen und zur höchsten religiösen Lebens- und Kultstätte der Inkas. Schon lange träume ich davon, dort hinzukommen, und morgen geht mein Wunsch in Erfüllung! Ich bin sehr aufgeregt und voller Erwartung! Unsere Freunde werden noch eine Weile auf dem Schiff weitertuckern. Sich streiten, sich versöhnen und gleich für das nächste Jahr wieder die Kabine buchen, die nun schon über mehrere Jahre zu ihrer schwimmenden Heimat geworden ist. Ich bin kein Gewohnheitstier, ich brauche immer neue Herausforderungen, und je bequemer ein Reiseziel ist, desto mehr langweilt es mich auch. Natürlich bin ich nicht abgeneigt, mich einmal zwei Tage in einem Luxusresort verwöhnen zu lassen, aber dann reicht es mir auch schon wieder.

Unsere Koffer stehen gepackt vor der Kabinentür, um morgen früh um sechs Uhr ausgeladen zu werden. Bruno hat ein Taxi bestellt, und wir fahren hinaus in die Nacht. Ich habe keine Ahnung, wo es hingeht.

Vor einem baufälligen, heruntergekommenen Haus macht es halt. Bruno zahlt, und wir steigen aus. Eine steile Treppe mit ausgetretenen Stufen führt zu einer dunkelblauen Holztür, an der ein großer Türklopfer hängt. Eine große stämmige dunkelhaarige Frau öffnet uns, umarmt Bruno und schaut mir tief in die Augen. Der Raum, in dem wir dann stehen, öffnet sich in weitere Räume, jedoch kann ich nirgends Türen entdecken. Es gibt für jedermann sichtbar eine Behelfsdusche, Waschbecken und eine Kloschüssel. Hinter einer anderen Öffnung entdecke ich eine Art Herd und Geschirr auf Holzkisten. Dieses heillose Durcheinander soll wohl die Küche sein. In einer Ecke des größten Raumes steht ein Eisenbettgestell und daneben ein Holzkasten, der wie ein Schrankkoffer aussieht, davor steht ein Stuhl. An der Längsseite des Raumes ist ein Internetpoint eingerichtet, ganze sechs Kabinen stehen da. Jetzt wird mir klar, wo ich mich befinde. Wir sind bei der Schamanin!

Aber wieso schleppt er mich hierher? Ich dachte, er hat seine Sitzung heute Morgen bereits absolviert und ein mal genügt!

»Madame ist spezialisiert auf Allergien, und ich dachte, hier kannst du deine Katzenallergie behandeln lassen, und vielleicht hilft die Behandlung ja auch bei so mancher Allergie gegen mich!«, meint Bruno und grinst.

»Ja, das ist eine Superidee, die Hoffnung stirbt zuletzt«, kontere ich.

Mamma mia, warum muss er mich nur immer mit solchen Sachen überfallen, ich hätte auch nichts dagegen gehabt, einfach ins Bett zu gehen und zu schlafen! Neugierig bin ich jedoch schon, und die Aussicht darauf, von Heuschnupfen und sonstigen Allergien ein wenig befreit zu sein, ist verlockend. Also lasse ich mich auf das Experiment ein.

Ich setze mich auf den Stuhl vor dem Kasten. Die Schamanin setzt sich vor mich und schließt die Augen. Eine Weile sitzen wir uns so reglos gegenüber, dann legt sie mir zwei unterschiedliche Kristalle in die Hände, einen großen Rosenquarz und einen Bergkristall. Sie öffnet den Schrankkoffer und bittet mich, auf dem Stühlchen drinnen Platz zu nehmen. Sie gibt mir ein Mantra, eine Abfolge gesungener Konsonanten und Vokale, die ich in meinem Rhythmus und eigenen Atemtempo vor mich hin sagen soll. Dann schließt sie die Tür, und ich bin gefangen in diesem kleinen Schrank, der nur einen Sehschlitz von wenigen Zentimetern hat und mir die Hoffnung auf spätere Befreiung gibt. Ich atme tief ein, um meine Nerven zu beruhigen, stelle mir vor, auf einem bayrischen Plumpsklo zu sitzen, und schiebe jeden klaustrophobischen Gedanken weit von mir. Brav spreche, summe ich das Mantra vor mich hin und halte

die Steine in der Hand. Hin und wieder meine ich den
Schatten der Schamanin durch den Schlitz erkennen zu
können, ansonsten ist es vollkommen still. Geradezu
unheimlich still. Wo mag Bruno sein? Ich hoffe, dass er
nicht im Raum ist. Ich möchte allein mit der Zauberin
sein. Ohne mein Zutun verändern sich der Rhythmus
und die Lautstärke meines Singsangs. Eruptionsartig
stoße ich das Mantra aus. Falle in einen rasend schnell
gesprochenen Ablauf der mir so fremden Worte, und
mit einem Mal laufen mir Tränen hinunter, und ich
kann nur noch schluchzend weitersprechen. Doch dann
wird aus dem Schluchzen lautes Lachen, und wie irre
lache ich aus vollem Halse, eine ungeahnte Heiterkeit
überfällt mich, und ich bin wie befreit, möchte mit den
Steinen in der Hand jonglieren, die Tür aufreißen und
die Welt umarmen.

Dann wird es still in mir, und ich atme tief ein und
aus. Ruhe ergreift mich, und der Zauber ist vorbei.
Erst nach ein paar Minuten wird die Tür geöffnet, und
ich kann aus dem Kasten hinausklettern. Gottlob, die
Schamanin ist allein. Das, was gerade mit mir passiert
ist, möchte ich mit niemandem teilen, nicht einmal mit
dem Mann, den ich liebe. Es war zu intim. Ich kann es
auch nicht deuten, schon gar nicht erklären, aber diese
Erfahrung ist das bislang Gewaltigste an körperlicher
Reaktion, was mir je passiert ist. Es kam aus mir heraus
ohne Fremdeinwirkung, scheinbar entstanden durch
Telepathie, mediale Verbindung, wie auch immer man
das nennen will. Madame verbeugt sich vor mir, berührt
mit ihrem Mittelfinger kurz meine Stirn und bedeutet
mir zu gehen. Ich weiß nicht, was ich bezahlen soll,
will fragen, aber sie lächelt nur und winkt mir hinterher.
Beschämt verabschiede ich mich und verlasse ihr Haus.

Bruno sitzt im Taxi, ich bin ihm dankbar, dass er draußen gewartet hat. Stumm und erfüllt fahren wir zurück zum Schiff, wir halten uns an den Handen, und sein zartes Streicheln meiner Hand treibt mir erneut Tränen in die Augen.

Die Heilung
Bruno

Jetzt ist es so weit – heute ist der schicksalhafte Tag. Im Hafen von Callao schart sich auf dem Kai schon eine Menschenmenge um eine Gruppe von peruanischen Folkloretänzern, die gleich einen *tondero* zum Besten geben werden. Sie werden von zwei Musikern mit *cajónes* begleitet. Das sind diese Kistentrommeln aus Holz, auf denen der Musiker beim Spielen sitzt und sie dann mit den Händen schlägt. Bunte Transparente mit der Aufschrift *»Bienvenidos«* – »Willkommen«, Verkaufsstände, geschmückte Festzelte, bunte Trachten und der fröhliche Lärm der Menge schaffen eine festliche Stimmung. Hinter einem Containerstapel lugen die Bögen einiger Fahrgeschäfte hervor, auf denen die Wagen kreisen. Ein kleiner Rummel, damit auch die Kinder ihren Spaß haben.

Der Trommler gibt drei Schläge auf dem *cajón* vor, dann beginnt der Tanz, während die letzten Passagiere das Schiff verlassen und sich unter die Leute mischen. Gonzalez hat schon wieder die Taille einer jungen Schönheit fest im Griff: Der stampfende Rhythmus und die Leidenschaft, die ihn kennzeichnen, beflügeln ihn schon zu dieser frühen Stunde – es ist gerade mal acht Uhr morgens –, und obwohl es wenig Platz gibt und sich die Leute drängeln, bemüht er sich, auch bei den schwierigsten Schrittfolgen im Takt zu bleiben.

»Bald bist auch du die Meine, *chica*, die Meine.«

Auf Karins Gesicht, die in einer Ecke allein vor sich

hin tanzt, liegt dagegen ein Ausdruck heiterer Melancholie. Helmuts Augen folgen ihr und haben sie immer im Blick. Jutta und ich schlendern zwischen den Ständen entlang. Unsere Stimmung ist seit gestern unverändert, aber der Unterschied zum Vortag liegt in der Art, wie wir miteinander reden. Als ob wir beim Aufwachen stillschweigend vereinbart hätten, alles langsam hinter uns zu lassen, damit wieder Platz ist für einen neuen Tag voller Freude und Entdeckungen. Und mir – ein wenig bin ich wie ein ausgedörrter Zunderschwamm, den schon der kleinste Funke entflammen kann – genügt dieses bisschen Hoffnung (oder der »so gut wie« geschlossene Frieden), um meine Liebe wieder zu voller Stärke anzufachen. Etwas später muss ich Jutta allerdings verlassen, doch wir haben uns mittags bei der Kathedrale verabredet. Über das Hafengelände darf man nicht zu Fuß gehen, also steige ich in einen Shuttlebus, der mich zum Ausgang bringt. Dort nehme ich ein Taxi und nenne als Ziel die Elendsviertel der *pueblos jovenes*.

Lima ist eine unglaublich laute, überfüllte und schmutzige Stadt. Im Großraum leben ungefähr neun Millionen Menschen, das entspricht einem Drittel der Einwohner Perus, und man fragt sich schon, wie die Spanier nur auf die Idee gekommen sind, genau hier zwischen Wüste und Ozean eine Großstadt zu errichten, in der an acht Monaten des Jahres alles von der *garúa* bedeckt wird, jenem dichten, feuchten Küstennebel, der die Sonne buchstäblich verdunkelt und die Häuser in bleiches graues Licht taucht. Die überwiegende Mehrheit der Einwohner lebt in diesen *pueblos jovenes* unter wirklich menschenunwürdigen Bedingungen. Die wenigen Reichen dagegen haben sich nach Miraflores, einem etwa acht Kilometer vom Zentrum entfernten

Viertel an der Küste, zurückgezogen, wo man den Eindruck gewinnt, gar nicht mehr in Peru zu sein: nichts als große Hotels, Restaurants und Spielkasinos.

Die Hütten in den *pueblos jovenes* haben im Durchschnitt eine Größe von 60 bis 90 Quadratmetern und zwei Zimmer, in denen dann sämtliche Mitglieder der Großfamilie leben. Kaum eine verfügt über einen Anschluss an die zentrale Wasser- und Stromversorgung oder an die Kanalisation, Wasser wird (gegen Bezahlung!) von großen Tankwagen geliefert, die in regelmäßigen Abständen die Plastikfässer vor dem Haus auffüllen. Die hygienischen Bedingungen sind dementsprechend schlimm, und es kommt häufig, vor allem bei Kleinkindern, zu Magen-Darm-Infekten.

Das schwindelerregende Wachstum dieser Barackenstädte ist bedingt durch die massenhafte Zuwanderung aus den Andenregionen, vor allem während der langen Gewaltperiode von 1980 bis 2000, als das offizielle Militär, paramilitärische Truppen und Guerilleros sich in blutigen Konflikten gegenseitig aufrieben, hat ihren Ursprung aber auch in der äußerst schwierigen Wirtschaftslage, die besonders im Landesinneren dramatisch ist.

Mama Dolores lebt in einer dieser Hütten und hat sie sogar als Internetcafé eingerichtet, eine Stunde Surfen kostet hier 1 *Nuevo Sol*, was etwa 25 Cent entspricht. Die Tür zum Nebenzimmer, wo sie ihre Kunden immer im Auge behält, ist sperrangelweit geöffnet, und so sehe ich sie auf einem unordentlichen Bett liegen, eines ihrer drei kleinen Kinder nuckelt an ihrer üppigen Brust. Auf dem Bett steht ein Tablett mit einer noch dampfenden großen Tasse Kaffee – Frühstückszeit für Mutter und Kind! Mama Dolores ist nicht fett, aber wohlgenährt,

hat reichlich gegelte Haare und Kleider von schreiend
bunter »Eleganz«, was in Kombination mit den zerwühlten Laken, der schwachen Beleuchtung und der
abgestandenen Luft ziemlich seltsam wirkt. Als sie mich
kommen sieht, nimmt sie den Kleinen von der Brust
und übergibt ihn ihrem Ältesten, der wohl auch noch
keine sechs Jahre alt ist. Sie wischt sich den Mund ab,
kommt zu mir und meint in gelangweilt-larmoyantem
Ton:

»Alles frei, bis auf die fünf.«

»Eigentlich habe ich ja einen Termin … Susana Hernández schickt mich.«

»Ach so … Dann sind Sie der, der immer seekrank
wird?«

»Ja, kann man sagen …«

Sie bittet mich, ihr ins Schlafzimmer zu folgen. Dort
bleibe ich stehen, während sie zu einer Kommode geht,
auf der sich ein uraltes Grammophon, umgeben von einem Durcheinander aus alten 78er Schellackplatten und
einigen Haarbürsten, befindet. Sie dreht an der Kurbel,
sucht sorgfältig eine Platte aus und legt sie auf den Plat-
tenteller.

»Ziehen Sie sich nur die Schuhe aus, und legen Sie
sich dann aufs Bett. Pedro, Juan, geht mit dem Kleinen nach nebenan … Ich habe jetzt Kundschaft …
Macht die Tür hinter euch zu und denkt daran, an
Computer Nummer fünf das ›Außer Betrieb‹-Schild zu
hängen.«

»Ja, Mama«, schallt es vom Kinderchor brav zurück.

Ich streife meine Schuhe ab und lege mich etwas unbeholfen auf die zerwühlten Laken.

Ach, jetzt fällt mir ein, wo ich diese großartige Stimme schon einmal gehört habe – in *Aprile*, einem Film

aus den neunziger Jahren von Nanni Moretti. Der italienische Regisseur hatte dieses Lied für seinen Soundtrack gewählt. Es ist von Yma Sumac, einer begnadeten Sängerin mit einem erstaunlich großen Stimmumfang, die in den vierziger und fünfziger Jahren keineswegs nur in Peru ein Star war. Eine volltönende, mächtige Stimme – die mich auf magische Weise entspannt.

»Legen Sie sich auf die Seite, und sagen Sie mir, was Sie über Schamanismus wissen – abgesehen von dem üblichen Quatsch, den man in Europa darüber erzählt, von wegen, das sind alles Hexen, Zauberinnen, Besessene ...«

»Nichts.«

»Lügner ... Schließen Sie jetzt die Augen ... Haben Sie vielleicht auch Angst vor der Leere und Höhenangst?«

»Ja, mir wird oft schwindlig.«

»Sind Sie als kleines Kind jemals verlassen worden?«

»Mein Vater hat mich einmal mitten auf einem Platz stehenlassen ... Da war ich drei.«

»Wie lange hat er Sie allein gelassen?«

»Er hat sich ein Eis gekauft.«

»Bewegen Sie jetzt nicht den Kopf ... Konzentrieren Sie sich ganz auf den langsamen Rhythmus der Musik und die Stimme der Sängerin. Ich bin gleich wieder da.«

Ich habe mich natürlich schon genauer in Juttas Aufzeichnungen informiert. In Peru ist der Schamane Teil der Gemeinschaft, beliebt und gefürchtet zugleich. Zurzeit wollen viele junge Leute bei einem Schamanen in die Lehre gehen, weil sie darin einen sicheren Arbeitsplatz sehen. Es ist allerdings nicht einfach nur eine Arbeit, sondern eher eine Lebensart und eine sehr schwierige Aufgabe, denn man muss mit der Welt der dunklen

Mächte in Kontakt treten und wissen, wie man wieder daraus zurückkehrt.

Eine Frau als Schamanin? Für die Bewohner dieser Breitengrade ist das absolut normal. In der Andenregion wurden magische Heilkräfte traditionell als eine Gabe der Frauen angesehen. Von mächtigen und geheimnisvollen Frauen. Die Tatsache, dass ich mich gerade im selben Haus wie ein heruntergekommenes Internetcafé befinde, deute ich als Wink des Schicksals. Unterirdische Energieströme lassen seit Jahren Männer und Frauen aus den entlegensten Winkeln der Welt bis nach Peru streben. Mama Dolores zum Beispiel empfängt bei sich Menschen aus Venezuela, Australien, Italien, Spanien, Deutschland und Russland. Ob die wirklich auf der Suche nach etwas Bestimmtem sind? Keine Ahnung. Vielleicht geben sie aber auch nur vor, mal kurz etwas im Internet suchen zu wollen, und sind dabei doch auf der Suche nach sich selbst.

»Es ist eine Reise zu dem Schicksal und der Spiritualität in uns. Ein Ritual, dem man sich mit Respekt, Verständnis und Entschiedenheit nähern muss.«

Ich habe mich sorgfältig vorbereitet. Susana hatte mich vorgewarnt: sexuelle Abstinenz, kein rotes Fleisch, kein Alkohol, keine Medikamente oder andere Drogen in den letzten vierundzwanzig Stunden vor dem Termin. Wenn nach der Behandlung für die folgenden drei Wochen noch eine »Walddiät« (selbstverständlich im Amazonas-Regenwald) angeordnet wird, bei der man völlig auf Salz und Zucker verzichten soll, heißt das, es steht schlimm um den Patienten. Überhaupt spielt der »Wald« eine wichtige Rolle in Mama Dolores' Therapie.

»Vergiss nicht«, hatte Su gesagt, »Mama Dolores ist eine große Spezialistin für die menschliche Seele: Sie kann sie ›sehen‹, weil sie deren ›Gestalt‹ und ihr Schicksal kennt. Vertrau ihr einfach.«

Auch wenn ich bei Amazonien immer gleich *Fitzcarraldo* im Kopf habe, mit Straßen voller Schlamm, einer bedrückenden Vegetation, exotischen Vögeln, Affen und Kaimanen, hätte ich gar nichts dagegen, am Ende im Urwald zu landen. So könnte ich meine Ferien noch etwas verlängern.

Als Mama Dolores wieder zu mir kommt, habe ich die Augen immer noch geschlossen, aber ich erkenne sie an ihren weichen Schritten. Der Tonarm mit der Nadel hat das Ende der Rille erreicht und läuft kratzend ins Leere. Ymas Stimme ist mittlerweile bloß noch ein Nachhall in meinen Ohren. Da legt die Schamanin den Tonarm zurück in die Ausgangsstellung und setzt sich auf die Bettkante.

»Lassen Sie die Augen immer noch geschlossen, setzen Sie sich langsam auf, und trinken Sie das hier.«

Das Getränk hat einen bitteren, wirklich unangenehmen Geschmack. Ich werde wohl kaum um ein zweites Glas bitten.

»Die Pflanze beginnt nun, wie ein Scanner Ihren Körper abzutasten. Sie erforscht jeden Zentimeter von Kopf bis Fuß und setzt sich nur dort fest, wo sie einen dunklen Fleck entdeckt. Sie werden spüren, wie sich in den kritischen Bereichen eine intensive Wärme ausbreitet, und vielleicht auch ein Gefühl wie von Dutzenden Nadelstichen haben. Das ist normal.«

»Su hat mir gesagt, dass ich Ihnen vertrauen kann …«

»Ruhe jetzt … Sie dürfen nicht reden … Die Liane der Toten reinigt, so wie der Wind die Wolken vertreibt …«

»Hmmmm …«

»Sie dürfen nicht einmal lächeln … Also bleiben Sie einfach ruhig liegen.«

Sie fängt an zu singen. Ein kehliger Gesang oder vielleicht auch nur ein Gebet. Sie verändert und moduliert ihre Stimme zu den unterschiedlichsten Intonationen und Rhythmen (manchmal klingt sie dabei wie ein Bauchredner), wird lauter und leiser, stärker oder schwächer. Und fast immer macht sie mehr oder weniger realistisch Geräusche nach: das Pfeifen, Krächzen und Gurren der Vögel, das Summen der Insekten, das Muhen von Kühen, all das mit einer Kunstfertigkeit und meisterlichem Können, die mich hypnotisieren.

»Die *Ayahuasca* erlaubt es uns, dass wir uns selbst gegenübertreten können und unsere tiefsten Ängste besiegen, belebt die Lebensenergien und bereitet uns vor auf die Begegnung mit unserem ›inneren Meister‹ – unserem wahren Ich.«

Nicht einmal mein Gastroenterologe hat mich dazu gebracht, so lange so still liegen zu bleiben. Ich achte sogar darauf, dass ich nicht zu laut atme … Einige berühmte Filmsequenzen laufen vor meinem inneren Auge ab: von den *Simpsons* die, in der Homer ein Gebräu trinkt, das ihm eine alptraumhafte Erfahrung beschert, die Folge von *Akte X*, in der Agent Fox Mulder in einer heiligen Hütte von den Anasazi-Indianern geheilt wird … Und dann sehe ich plötzlich ganz groß – das Glasauge von Herrn Gonzalez!?! Ich weiß nicht, was er mit den Schamanen zu tun hat, aber es muss da eine Verbindung geben, warum sollte ich sonst an ihn denken? Jetzt sehe ich noch die Concordia, die auf ein Riff aufläuft, und dann Ahab, der im Meer inmitten der verwickelten Seile ertrinkt. Ich schwitze. Ich kann Mama Dolores nicht sehen, aber ich spüre, wie sie vor mir mit ihren Händen herumwedelt, jetzt scheint sie auch noch von konvulsiven Zuckungen gepackt ... Bin ich wach oder schlafe ich schon? Meine »Lähmung« dauert ungefähr eine Stunde.

»Jetzt ist es gut. Sie können nun die Augen öffnen. Die Zeremonie ist vorbei. Ich habe Ihnen den Rest des Getränks hier in dieses Fläschchen abgefüllt. Denken Sie daran, es heute Abend vor dem Schlafengehen zu trinken.«

»Also kein Regenwald?«

»Nein, aber nehmen Sie die kommenden drei Tage möglichst wenig Salz zu sich.«

Ich schlüpfe wieder in meine Schuhe und gehe nach nebenan ins Internetcafé. Seit mehr als einer Woche habe ich keine Tageszeitung mehr gelesen. Internetverbindungen an Bord sind ziemlich teuer, und die kleinen Zeitungen, die jeden Morgen auf dem Frühstückstisch liegen, verschwinden immer wieder auf mysteriöse Weise. Ich habe ja den Verdacht, dass Jutta sie einkassiert, damit ich sie nicht lesen und mir Sorgen machen kann. Und während der Trunk seine (jetzt vor allem verdauungsfördernde) Wirkung tut, google ich nach der Concordia: *»... die tragische Bilanz dieses Unfalls vor der Isola del Giglio beläuft sich auf 16 Tote und 22 Vermisste. Die Suche wird von Marinetauchern fortgesetzt, die zwischen Deck 4 und Deck 5 des Wracks mit Hilfe kleiner Sprengladungen eine große Öffnung in den Schiffsrumpf geschlagen haben. Was wissen wir bisher? Der Kapitän der Concordia, Kreuzfahrtschiff mit Kurs auf Savona, soll ein Manöver ›nicht gerade lehrbuchgemäß‹ (euphemistisch gesprochen) ausgeführt haben und sich dabei der Küste zu sehr (bis auf 150 Meter) genähert haben. Außerdem geht aus den neuesten Nachrichten hervor, dass der Kapitän nicht den üblichen Notruf gesendet* und das Schiff vor der Besatzung verlassen hat *(ein äußerst schweres Vergehen nach dem Seerecht).«*

So ein Schuft! Ich kehre auf die Google-Seite zurück, lösche die Suchzeile und gebe »Rome News« ein. Ich muss unbedingt mit eigenen Augen sehen, was meine Tochter mir per SMS geschickt hat. *»Snow Storm In Rome Costs City Millions In Damage ... Tree Falls On Car!«* Ich kann es nicht fassen! *»Umgestürzte Bäume und gesperrte Straßen, der Bürgermeister hat den Notstand ausgerufen.«* Schnee in Rom?! Unglaublich!!! Wie wohl meine Terrasse jetzt aussieht?

»Wie fühlen Sie sich?«

Die Stimme hinter mir lässt mich zusammenschrecken, aber am wilden, moschusartigen Duft ihrer Haut erkenne ich sie sofort. Mama Dolores.

»Ich bekomme gerade eine Panikattacke, Madame.«

»Was – wegen ein paar Zentimetern Schnee in Rom?«

»Im Gegenteil – weil mich das eben überhaupt nicht erschüttert, ich empfinde nicht die geringste Panik.«

»Dann sind Sie also schon geheilt?«

»Wenn ich darüber nachdenke, geht es mir schon seit einer ganzen Weile besser. Ich habe in dieser ganzen Woche nur ein einziges Mal unter echter Seekrankheit gelitten.«

»Die meisten Menschen gewöhnen sich daran, wenn sie längere Zeit auf See sind, man muss sehen, wie jemand bei einem Sturm reagiert.«

»Wie bei Kapitän Ahab?«

»Sie sind nur sehr gestresst und auch sonst von Natur aus etwas ängstlich ... Passen Sie auf, dass Sie sich nicht in den Fallstricken Ihrer Ängste verheddern.«

Sie geht jetzt zum Bullauge der Waschmaschine, die genau neben meinem Computer steht, und füllt einen

Weidenkorb mit nasser Wäsche. Dann holt sie aus einem Schränkchen einen Nachttopf.

»Jetzt muss ich Sie verlassen … Mein Mann wartet nebenan auf mich. Ich gehe jeden Morgen zu ihm, nachdem ich die Wäsche aufgehängt habe. Er liegt seit zehn Jahren gelähmt im Bett. Hier ist meine Handynummer – vielleicht kommen Sie ja mal wieder nach Peru. *Buenos días.*«

Und dann entschwindet sie, in den Augen den stolzen Blick eines Menschen, der keine Ängste kennt.

1535 legte Francesco Pizarro den Grundstein der Hauptkirche von Ciudad de Los Reyes, wie der alte Name von Lima lautet. Der ursprünglich barocke Innenraum des Kirchenschiffs mit seinen beiden Seitenkapellen wurde Ende des neunzehnten Jahrhunderts fast vollständig im klassizistischen Stil neu gestaltet. 1921 bekam die Kathedrale, die nach den Erdbeben von 1940 und 2004 renoviert wurde, vom Papst den Ehrentitel *Basilica Minor* verliehen. Jutta findet mich schließlich in andächtiger Versenkung vor der Madonna mit der goldenen Rose.

»Jutta, ich hatte ein unglaubliches Erlebnis …«

»Pssst, leise. Wir stehen vor der Madonna.«

»Ich muss unbedingt mit dir reden …«

»Nicht jetzt – zuerst die Katakomben.«

»Ach nein, bitte nicht die Katakomben … Ich habe mir doch schon die Mumien gegeben.«

»PSSSSSSSSST!«

»Aber ich flüstere doch bloß! Ich muss dir von dieser Schamanin erzählen … Eine außergewöhnliche Frau!«

»Zuerst die Katakomben, dann die Plaza de Armas und das erzbischöfliche Palais. Wir sind nicht nur wegen deines Termins hier in Lima!«

Also, Katakomben fand ich schon immer etwas unheimlich. Und hier ist die Atmosphäre nicht gerade fröhlich. Ich kann Ihnen nur davon abraten. Zum Glück sind wir nach zwanzig Minuten schon wieder draußen und gehen auf einen Kaffee zur nahe gelegenen Bar *»El Cordano«* hinter dem Präsidentenpalast. Ich erwähne dieses geschichtsträchtige Lokal deswegen, weil es von Italienern aus Genua geführt wird und über eine dieser glänzenden nostalgischen Espressomaschinen der Marke »Gaggia« verfügt.

Der Kaffee ist ausgezeichnet, das »Stimmungsbarometer« zeigt Hochdruck an, und die Sonne lacht: Von der berüchtigten *garua*, dem für diese Gegend typischen Küstennebel, der sich oft wochenlang nicht auflöst, ist nicht die geringste Spur zu sehen.

9. TAG

Reisen verändert das Denken
Jutta

Der Anflug auf Cusco am frühen Morgen ist abenteuerlich. Während wir mit unserem Flugzeug in Flugschneisen zwischen den Fünftausendern der Anden fliegen, überrascht uns auch noch ein Gewitter. Wie Spielzeug werden wir hochkatapultiert, um kurz darauf tief runterzustürzen, die Blitze rund um uns herum kommen gefährlich nahe, und wir glauben, unser letztes Stündchen zu erleben. Auch unseren Mägen geht es nicht gut dabei, und insgeheim beten wir beide, während wir uns fest an den Händen halten, dass wir überleben. Als wir dann bei strömendem Regen landen, bedankt sich die Stewardess, dass wir mit der Andes Air geflogen sind, sie hoffe, dass wir einen angenehmen Flug hatten und sie uns bald wieder begrüßen darf!

Ein Bus wartet auf alle, die zum Inka-Express wollen, der uns nach Machu Picchu bringen wird. Diese Reise mussten wir schon vor Monaten buchen, da die Anzahl der Personen, die auf den heiligen Berg dürfen, reglementiert ist. Ich finde das gut, denn so ist es überschaubar, und man kann nicht einfach auf eigene Faust hinaufgehen. Es führt keine öffentliche Straße dorthin, und zu Fuß zu gehen bedeutet, mit Sherpas einen vier Tage dauernden Marsch über die Anden zu wagen. Allein der dritte Tag besteht aus 1000 Höhenmetern, die zu überwinden sind, und der Weg ist ausschließlich in Treppenstufen angelegt.

Als ich Bruno zu Hause davon erzählt habe, dass ich diese Tour gerne mit ihm machen würde, hat er mich ernsthaft für geistesgestört gehalten.

In der Bahnstation am heiligen Fluss steht dieser wunderschöne, glänzend geputzte Inka-Express mit blauen Waggons, Messinggriffen und allerlei Verzierungen. Die Schaffner tragen eine prachtvolle Uniform, man ist ausnehmend höflich und vornehm. Unsere Plätze sind mit unseren Namen reserviert, sogar auf dem Tisch stehen Kärtchen. Die Koffer werden uns abgenommen und verstaut, wir sollen uns keine Sorgen machen, heute Abend werden wir sie in unserem Hotelzimmer am Rio Sagrado wiederfinden.

Lustiger New-Orleans-Jazz ertönt, und ich sehe drei Musiker, von denen der eine ein Schwarzer ist, in den Zug steigen. Auch sie tragen die Uniform des Zugpersonals. Im letzten Abteil ist die Bar mit einem offenen, nur überdachten Ende. Hier stellen wir uns hin, freuen uns, dass der Regen aufgehört hat und die Sonne herauskommt. Es ist merklich kühler hier oben auf 2700 m, und ich bin froh, eine Jacke und einen Pulli dabeizuhaben. Dann setzt sich unter lautem Hupen und Pfeifen der Zug in Bewegung. Hier im Abteil mit Musik herrscht eine Bombenstimmung. Die Musiker verteilen kleine Instrumente, mit denen man schrappschrapp oder klingklong, bumbum oder zippzipp machen kann, je nach Gefühl und Musikalität. Bruno hat das Schrappschrapp bekommen. Dabei handelt es sich um ein langes Holzstück mit Rillen, das er sich zwischen Kinn und Oberschenkel klemmt, mit einem Holzstäbchen in der anderen Hand fährt er dann darüber, immer von oben nach unten und zurück. Eben Schrappschrapp! Ich komme mir vor, als reise ich in zwei Welten. Auf der einen

Seite die Welt des absoluten Luxus – mit einem Champagnerglas in der Hand gleite ich durch die Landschaft –, auf der anderen Seite die Welt, in der die Menschen ganz archaisch in bescheidenen Hütten entlang der Bahngleise leben und mit der Kraft ihrer eigenen Hände die schmalen Äcker bestellen. Hier ist die Zeit stehengeblieben. Irgendwann haben die Menschen diese bunte zweckmäßige Kleidung entworfen, und so kleiden sie sich seit Hunderten von Jahren. Genauso archaisch sind die Werkzeuge, mit denen sie die Furchen in die fruchtbare lehmige Erde graben, um kleine Mais- oder Reispflänzchen zu setzen. Hier siehst du keine Bluejeans oder T-Shirts mit Werbeaufdrucken aus Amerika, hier werden Schafe und Alpakas geschoren, hier wird Wolle gesponnen und verwebt zu Bekleidung, die noch in 30 Jahren tragbar ist und warm hält. Frauen tragen je nach Alter und Kinderzahl mehrere Röcke übereinander. So ist es nicht verwunderlich, dass alte Frauen mit einem enormen Hüftumfang herumlaufen, denn sie haben bis zu zehn Röcke an. Das ist hier ein Statussymbol, nicht die Goldreifen an den Handgelenken. Auch die Höhe des Hutes ist entscheidend. So tragen junge Mädchen kleine flachere Hütchen, im Gegensatz zu den hohen Hüten der älteren Bäuerinnen.

Bis zum Mittagessen verbringen wir swingend und in bester Laune unsere Zeit, während uns der Zug Kilometer für Kilometer dem mystischen Ziel Machu Picchu näher bringt.

Cccchtttcccchtttt. Schnaufend kriecht die Dampflok bergauf, durch ein Tal mit steilen grünen Bergen, auf der einen Seite schlängelt sich der Rio Sagrado. Dampfig ist es, dschungelartig, und ich frage mich, in welcher Höhe hier die Baumgrenze verläuft. Vielleicht bei 4000 Me-

tern oder noch höher? Dann ist Endstation, wir sind
angekommen. Vor uns liegt eine für unsere Augen nicht
unbekannte Zivilisation mit kleinen Hotels in europäi-
schem Baustil und natürlich der unvermeidliche Markt
mit seinem Schmuck und den Wollsachen. Bruno, der
ein bisschen neidisch auf meinen schönen Rucksack ist,
kauft sich nach langem Zögern auch einen, natürlich
einen weniger bunten, dafür etwas männlicheren, wie
er meint.

Da er immer ewig braucht, um sich für etwas zu entscheiden, kann ich es nicht lassen und schaue in ein
kleines Haus hinein, das ein wenig abseitssteht, mich
aber irgendwie interessiert. Auch hier sind in einer
Ecke Pullover über Pullover gestapelt, und eine Bäuerin
winkt mich hinein. Es ist sehr dunkel, und ich bewege
mich vorsichtig vorwärts, denn als ich auf den Boden
schaue, erkenne ich zu meiner Überraschung, dass dort
alles voller unterschiedlich großer Meerschweinchen
ist, die quiekend durcheinanderwuseln. Kleine wie
Mäuschen und dann fette große wie dicke Ratten, mit
Wirbeln und in vielen Farben. Die Bäuerin sieht mein
Erstaunen. Sie massiert sich den Bauch und führt dann
schmatzend ihre Hand zum Mund.

Ja, das habe ich gelesen, in Peru ist der Festtags-
schmaus am Sonntag gebratenes Meerschwein, so wie
bei uns der Schweinsbraten. Die armen Dinger tun mir
leid, aber wenigstens haben sie Familienanschluss und
dürfen frei rumlaufen. Sonntags müssen sie halt clever
sein und rechtzeitig ausbüxen. In den rußgeschwärzten
Wänden entdecke ich zahlreiche Nischen, friedlich
stehen dort die Köpfe von Oma und Opa oder sonstigen Familienangehörigen. Kahl sind sie und ein bisschen verschrumpelt, je nach Alter, manche werden von

einem Kerzchen beleuchtet. Welch eine Idylle! Nichts
wie weg hier!

Bruno steht wartend und stolz mit seinem Rucksack
am Straßenrand und zieht mich zur Abwechslung mal
wieder zu einem Bus. Ich will protestieren, weil ich ab
sofort nur noch zu Fuß gehen will, aber der Busfahrer sagt, dass der Aufstieg mehr als eine Stunde dauern
würde und sehr beschwerlich sei, da der Weg nur aus
Treppen bestehe. Okay, okay, ich gebe klein bei, und
so fahren wir eine holprige schmale Straße steil berg-
an, bis endlich vor uns diese imposante Ausgrabungs-
stätte der Inkas liegt. Die nächsten Stunden verbringen
wir staunend und sehr in uns gekehrt. Wir sind beide
auf unsere Art gefangen von der Einzigartigkeit und der
Perfektion. Ich setze mich auf eine der Rasenterrassen
und lasse die Kultstätte auf mich wirken. Bruno zieht
weiter, und es ist schön, gemeinsam hier zu sein und
doch auch allein, denn dieser Ort hat eine besondere
Wirkung auf jeden. Ich hatte mir fest vorgenommen,
die Stille in mir zu finden und mich zu öffnen für besonderes Licht oder den Wind oder sonst irgendetwas,
was ich nicht benennen kann, aber es passiert nichts. Ich
empfinde so viel Ehrfurcht vor dem, was ich sehe, und
kann einfach nur staunen. Also krabble ich mit meinem
schlauen Perubuch durch niedrige Gänge und Ruinen,
versuche herauszufinden, ob ich nun diese eine besagte
Opferstätte gefunden habe oder nicht, berühre die fast
nicht erkennbaren Nahtstellen zwischen den riesigen
Quadern und frage mich, wie um Himmels willen es die
Inkas geschafft haben, diese Steine so zu behauen, dass
sie erstens perfekt aufeinanderpassen und es zweitens
überhaupt keine Zwischenräume gibt. Auf einer Tafel
ist das schwierige Transportsystem, wie es nach Meinung

der Archäologen funktioniert haben kann, dargestellt. Trotzdem wird es immer ein Rätsel bleiben, das sie nach ihrer Ausrottung durch die Spanier im 15. Jahrhundert mit ins Grab genommen haben. Am erstaunlichsten finde ich nach wie vor, dass sie keine Ahnung von Zivilisationen und Kulturen außerhalb ihrer eigenen Welt hatten. Allein die Römer hatten bereits 1000 Jahre vor ihnen das Kolosseum gebaut, die Ägypter Pyramiden, die Mayas Chichén Itzá, und an Rhein und Mosel stand eine Raubritterburg neben der anderen. In Europa kannte man den Hebel und das Rad, und die Werkzeuge waren aus Bronze. Die Inkas haben alles, was sie brauchten, selbst erfunden, und so wenig, wie sie uns kannten, so wenig wussten auch wir von ihrer Existenz.

Rund um die vielen Häuschen, die großartig rekonstruiert wurden, soweit sie bei ihrer Entdeckung vor rund 100 Jahren eingestürzt waren, sind Terrassen angelegt. Hier pflanzte man Kräuter an, züchtete Getreide, selbst Knollen, die der Kartoffel ähnlich waren, gab es und Obstbäume, hier arbeiteten die Frauen, während die Männer Steine schleppten und Häuser bauten. Der Palast seiner Heiligkeit stand ganz oben, und das Volk lebte in den Häusern unter ihm und diente ihm voller Ehrfurcht. Dafür beschützte er sein Volk. So jedenfalls steht es in abenteuerlich übersetztem Englisch auf Tafeln geschrieben. Ich will es mal glauben, beschließe ich, und die Glorifizierung von Pachacútec gelten lassen. Dass es auch bei den Inkas Brot und Spiele gab, Mädchenopfer durchaus nicht selten waren und eine Ehre für die Familie und sie selbst bedeuteten, bewerte ich jetzt mal nicht weiter. So hat jede Kultur auf dieser Erde Schreckliches und Gutes hervorgebracht.

Da ich Bruno gerade nirgendwo entdecken kann, setze ich mich an einen Platz, an dem er mich unmöglich übersehen kann, und blicke zu der sich bereits abendlich verfärbenden Sonne hinunter ins Tal. Plötzlich spüre ich diese ersehnte Ruhe und Stille in mir. Spüre, wie ich sitze, im Kreuz gerade, geerdet, der Geist ist offen, um Energie zu empfangen. So sitze ich eine ganze Weile, bis ich einen sanften Kuss im Nacken spüre und sich Bruno an meiner Seite niederlässt. Wir sehen uns an und merken, dass sich etwas in uns verändert hat, aber reden wollen wir darüber nicht.

Es ist Zeit, Abschied zu nehmen von diesem Ort. Wahrscheinlich werden wir nie wieder hierherkommen, denn zu groß ist die Welt und auch unsere Neugierde, als dass wir solche Reisen zweimal machen.

Der Inka-Express wartet bereits auf uns mit einem köstlichen Abendessen. Als Bruno und ich ein wenig verschwitzt an unseren Tisch gehen, stellen wir fest, dass sich doch tatsächlich eine Gruppe Touristen in Smoking und Abendkleid geschmissen hat, um das Abendessen stilgerecht zu begehen. Auf diese Idee sind wir schlicht nicht gekommen. Eigentlich fast ein bisschen schade, wie ich meine, aber wie hätten wir vornehme Kleidung einpacken sollen? Ich kann mir kaum vorstellen, dass diese Gruppe abendkleidtaugliche Rucksäcke dabeihat. Wir trösten uns damit, dass der nordamerikanische Entdecker von Machu Picchu, Sir Hiram Bingham, damals sicher noch viel verschwitzter war und es noch nicht einmal die Gleise gab, auf dem heute der nach ihm benannte Zug fährt.

Die Geschichte, wie Sir Bingham überhaupt die geheimnisvolle Tempelstadt fand, möchte ich Bruno nicht vorenthalten, und so erzähle ich ihm, was ich gelesen habe.

Bingham hatte 1908 in Santiago de Chile am panamerikanischen Wissenschaftskongress teilgenommen, ursprünglich, um die Lebensstationen des Nationalhelden Simón Bolívar zu studieren. Aber als neugieriger Gringo wurde er auf ein ganz besonderes Bankett eingeladen, wo man heftig darüber diskutierte, dass es eine große Stadt der Inka-Götter gegeben haben müsse und dass diese, da so viele andere Kultstätten ebenfalls am heiligen Fluss gefunden wurden, noch versteckt irgendwo in den dicht bewachsenen Hügeln in Flussnähe liegen müsste. Man habe durchaus Hinweise von Einheimischen bekommen, aber bislang sei jede Expedition erfolglos gewesen. So reiste Professor Bingham zurück, um sich drei Jahre später mit einer Expedition, die von der Yale-Universität finanziert wurde, auf die Suche zu machen.

Da man viele Träger benötigte, die sich in dem unwegsamen Gebiet auskannten, zogen ganze Familien mit ihnen. Die Frauen kochten, die Männer schleppten, und die Kinder liefen mit. Ein kleiner Junge, dessen Vater Bauer war und dem er immer helfen musste, führte letztlich Hiram Bingham zu einer völlig von Moos und Pflanzen überwucherten Ruine im Wald, die am Cima Vieja, dem Alten Gipfel, den wir auf jedem Foto vom Machu Picchu sehen, lag. So wurde der Tag der Entdeckung auf den 24. Juli 1911 festgelegt.

»Ja, und wir sind nun hundert Jahre später hier, mein Schatz«, sage ich zu Bruno, »und vielleicht haben wir heute ja etwas in uns entdeckt, was meinst du?«

Bruno schaut mich vielsagend an und lächelt wie eine männliche Mona Lisa.

Tja, er war schon immer ein großer Geheimniskrämer, aber ich werde es schon noch herauskriegen.

Es ist schon tiefe Nacht, als wir unser Ziel erreichen und in unser zauberhaftes kleines Hotel am Rio Sagrado gehen. Unser Zimmer liegt genau am Fluss, wir hören das Rauschen des Wassers, öffnen weit die Türen und treten in einen kleinen Garten, der nur uns gehört. Überall in der Anlage sind kleine Lichter, die den Park erleuchten. Wir erkennen die bewachsenen Berge auf der anderen Seite des Flusses. Eine unglaublich mystische Stimmung geht von diesem Ort aus. Feuchtwarme Luft umhüllt uns, und wir setzen uns engumschlungen in das nicht mehr ganz trockene Gras und lauschen. Was will uns der Fluss erzählen? Will er uns bitten, auf ihn und seine Menschen, die an ihm leben, achtzugeben? Möchte er uns warnen vor weiterer Ausbeutung und Zerstörung? Sollen wir unsere Achtung vor ihm weitertragen und davon erzählen?

Ich konzentriere mich auf sein Gluckern und Lachen, sein Zischen und Jammern und verspreche, dass ich ihn nie vergessen und ihn heilighalten werde. Öffne mein Herz für ihn und wünsche mir gleichzeitig, dass er uns auf allen Wegen beschützen möge. Nun habe ich uns verbunden, indem ich uns beiden lebenslange Aufgaben gegeben habe. Sein Leben wird sicher länger als das meinige sein, und irgendwann sitzen vielleicht meine Töchter an seinem Ufer und erneuern das Versprechen.

Abschied und Erkenntnis –
eine großartige Reise ist zu Ende
Bruno

Der letzte Abend an Bord ist immer der traurigste. Wir mussten uns von allen verabschieden, sogar von Gonzalez! Und dann müssen wir am Morgen in aller Herrgottsfrühe aufstehen. Schließlich können wir nur den ersten Flug nach Cusco nehmen, wenn wir nicht den Anschluss an die Schmalspurbahn zum Machu Picchu verpassen wollen. Um vier Uhr morgens klopft es noch einmal an unserer Kabinentür. Draußen steht Helmut, der mich in beredtem Schweigen an der Schulter packt und an sich zieht. Die Umarmung eines wahren Freundes. Mehr braucht es nicht.

Ich bin mit zwei Fragen aufgewacht. Erstens: Waren meine lebenslangen Ängste tatsächlich nichts weiter als die Folge eines kleinen Kindheitstraumas? Und zweitens: Wo kann ich den Trank von Mama Dolores entsorgen, wenn Jutta seit mehr als zwanzig Minuten im Bad ist und nicht daran denkt, mich mal kurz reinzulassen?

Vor dem Antritt einer Reise wissen wir nichts von dem, was uns erwartet, und können den Menschen und Orten, denen wir begegnen, noch kein Bild zuordnen. Dann fangen wir an, Erfahrungen zu sammeln, und jede davon bringt uns neue Informationen und Erkenntnisse, und zwar nicht nur über Orte oder Personen, sondern auch über uns selbst. Anfänglich ist das Bild noch ziemlich vage, wird aber allmählich immer konkreter, bis wir dann eines Tages, fast immer in der Mitte der Reise, glauben, genügend Eindrücke gesammelt zu haben. Wir akzeptieren das und finden uns auch mit allen damit verbundenen Beschränkungen und Fehlern ab und empfinden zum ersten Mal so etwas wie Frieden. Aber weil wir weiterhin Erfahrungen machen, erhalten wir am Ende ein völlig anderes Bild, und das stürzt uns in Verwirrung. In einer Sekunde ist die beruhigende Illusion, alles zu verstehen, fortgeweht, so wie ein wolkenverhangener Himmel von einem starken Wind blitzblank gefegt wird.

Weitere Gedanken kommen mir in den Sinn, aber da kommt Jutta aus dem Bad. Höchste Zeit!

Dank dieser Kreuzfahrt durfte ich Machu Picchu sehen, eines der sieben neuen Wunder unseres Planeten. Und dann eine Fahrt im Inka-Express ... Welch ein wunderbares Erlebnis! Man kommt auf eine Höhe von 2400 Metern über dem Meeresspiegel, und es ist, als ließe man plötzlich den Rauch der Schornsteine und den Nebel eines trüben Dezembernachmittags hinter sich.

Bis vor hundert Jahren war es den Archäologen nicht gelungen, die Geschichte und Funktion dieser steinernen Stadt zu enträtseln. Erst durch die offizielle Bekanntgabe ihrer Entdeckung nach der Expedition eines englischen Archäologen der National Geographic Society erfuhr man überhaupt von ihrer Existenz. 1913 begannen die langwierigen und kostspieligen Arbeiten, die es bis heute jährlich Millionen Menschen ermöglichen, die Überreste dieses Wunderwerks zu besichtigen.

Machu Picchu ist eine riesige Festungsanlage, die

nach einem regelmäßigen Muster gebaut wurde; die einzelnen Gebäude sind fast alle schmucklos und aus Lehmziegeln und exakt übereinandergeschichteten Steinen erbaut. Vielleicht wird das Geheimnis von Machu Picchu ja niemals gelüftet, bis jetzt sind wir auf Theorien und Vermutungen angewiesen. Manche halten es für einen Vorposten der Inka, um von dort aus weitere Gebiete zu erobern, andere glauben, es war ein Kloster zur Ausbildung von Mädchen, die dem höchsten Inka und dem Willac Uno, seinem Hohepriester, dienen sollten. Die zweite Theorie kam auf, als man während Ausgrabungsarbeiten 135 Skelette, darunter 109 weibliche, fand. Aber auch um die vollkommen glatten Mauern von Machu Picchu ranken sich Mythen. So soll ein Vogel namens »Kak aqllu« die Formel gekannt haben, wie man Stein erweichen kann, doch ihm wurde auf Befehl der Ältesten die Zunge herausgerissen, damit er sie nicht weitergeben konnte. Dann wieder ist die Rede von einer magischen Pflanze, die Stein schmolz, den man dann wieder zusammensetzen konnte. Aber abgesehen von den vielen Geheimnissen und Mythen liegt der wahre Reiz von Machu Picchu, das zum Weltkulturerbe ernannt wurde, in den Plätzen, den Aquädukten, den Wachttürmen, den Observatorien und der Sonnenuhr, denn diese zeugen von der Weisheit und der ausgezeichneten Technik der Baumeister des Inkavolks. Noch heute ist es ein Rätsel, warum man an einem so schwer zugänglichen und von Erdrutschen bedrohten Ort so eine riesige Anlage errichtet hat, obwohl einige Wissenschaftler davon überzeugt sind, dass die Zitadelle noch einen Schatz birgt, wahrscheinlich eine große Menge Gold, die Atahualpa, das letzte Oberhaupt der Inka, dort vor den spanischen Eroberern verbergen ließ.

Ein wunderbarer Ort, den man am besten allein und in den frühen Morgenstunden besuchen sollte.

»Guten Tag! Erinnern Sie sich an mich?«

»Aber selbstverständlich, Sie sind doch Herr Heinz. Haben Sie Ihren Computer wiederbekommen?«

»Es war sehr nett von Ihnen, dass Sie ihn für mich abgegeben haben.«

»Wie geht es Ihnen? Ich habe von Ihren Herzproblemen gehört ...«

»Besser, viel besser. Inzwischen habe ich mich daran gewöhnt.«

Als ich ihn zum ersten Mal getroffen habe, damals beim Frühstück, fühlte ich mich von ihm belästigt. Jetzt aber ...

»Sie sind Schauspieler?«, fragt er mich.

»Ja, und Sie?«

»Ich schreibe, auch wenn ich keinerlei Ambitionen habe, meine Werke auch zu veröffentlichen.«

»Wie das?«

»Ich schreibe für mich: aus Liebe zu der Welt.«

»Und worüber?«

»Über so etwas zum Beispiel: Sehen Sie doch nur diesen Vogel. Er ist so groß wie ein Rabe und schillert in den verschiedensten Blautönen, von Hellblau bis Nachtblau. Das ist ein Vogel aus einer anderen Welt, den gibt es in unserer nicht mehr, dort ist seine Art längst ausgerottet. Aber hier findet man ihn noch.«

»Waren Sie denn schon öfter hier? Ist das nicht gefährlich für jemanden mit einem Herzleiden?«

»Sehr oft – und nein, es ist nicht gefährlich.«

Er kommt näher und atmet tief durch.

»Wir befinden uns am Berührungspunkt in der absoluten Leere, zwischen unserer Welt und seiner. Versuchen Sie es … Hören Sie auf eine andere Art hin, sehen Sie auf eine andere Art hin, und dann werden Sie hören und sehen, wie die Filamente die Welten zusammenhalten – und Sie werden nie mehr Angst haben.«

»Ach, dazu sind also Schamanen da … Damit man niemals mehr Angst hat?«

»Ja, auch dazu. Wissen Sie, dass ich heute zum ersten Mal in all den Jahren hier oben die Sonne sehe? Normalerweise ist hier alles wolkenverhangen. Und dazu hat es nur ein wenig Wind gebraucht.«

»Bedeutet das etwas?«

»Ein Himmel ohne Wolken ist wie ein Mensch ohne Angst.«

Von oben wirkt Machu Picchu wie ein Vogel, der die umliegenden Berge betrachtet und dann auf sie zufliegt. Auf einmal spüre ich, wie ich ganz leicht werde und mein Blick leer wird. Ich habe keine Höhenangst mehr. Ich drehe mich um, aber da ist niemand mehr.

Am Ufer des berühmten Rio Sagrado, siebzig Kilometer von Cusco entfernt, zu Füßen der majestätischen Berge, die unser Hotel umgeben, sitzen wir so nah nebeneinander wie nie in diesen endlosen Tagen. Der Sonnenuntergang ist phantastisch. Jutta sagt nichts, aber in ihren Augen liegt eine verborgene Sehnsucht, eine leichte Wehmut, vielleicht gibt es etwas, was sie sagen möchte, was ihr aber nicht über die Lippen will. Auch ich möchte ihr so viel anvertrauen, aber ich bleibe in mein Buch versunken sitzen. Erst später sagte ich ihr, wie schwer es mir manchmal fällt, die Vergänglichkeit zu akzeptieren, weil ich den Eindruck habe, dass die Zeit, diese verdammte Diebin!, uns Stücke von unserem Leben stiehlt. In diesem Moment schließt sie die Augen

und sagt: »Wieder ist eine Reise fast zu Ende … Wenn
du willst, dann lies mir jetzt was vor.«

DEIN LACHEN

Nimm mir das Brot weg, wenn du
es willst, nimm mir die Luft weg,
aber laß mir dein Lachen.

Laß mir die Rosenblüte,
den Spritzstrahl, den du versprühst,
dieses Wasser, das plötzlich
aufschießt in deiner Freude,
die jähe Pflanzenwoge,
in der du selbst zur Welt kommst.

Mein Kampf ist hart, und manchmal
komme ich heim mit müden
Augen, weil ich die Welt
gesehn, die sich nicht ändert,
doch kaum trete ich ein,
steigt dein Lachen zum Himmel,
sucht nach mir und erschließt mir
alle Türen des Lebens.

Meine Liebe, auch in der
dunkelsten Stunde laß dein
Lachen aufsprüh'n, und siehst du
plötzlich mein Blut als Pfütze
auf den Steinen der Straße,
so lache, denn dein Lachen
wird meinen Händen wie ein
frisch erglänzendes Schwert sein.

Und am herbstlichen Meer
soll deines Lachens Sturzflut
gischtend himmelwärts steigen,
und im Frühling, du Liebe,
wünsche ich mir dein Lachen
als Blüte, lang erwartet,
blaue Blume, die Rose
meines klingenden Landes.

Lache über die Nacht,
über den Tag, den Mond,
lache über die krummen
Gassen unserer Insel,
lache über den Burschen,
den Tollpatsch, der dich liebt,
aber wenn ich die Augen
öffne, wenn ich sie schließe,
wenn meine Schritte fortgehn,
wenn sie dann wiederkommen,
nimm mir das Brot, die Luft,
nimm mir das Licht, den Frühling,
aber niemals dein Lachen,
denn sonst würde ich sterben.

Pablo Neruda

Wir stehen auf, barfuß schlendern wir Hand in Hand
am Ufer entlang. Unsere Augen folgen einem Schiff,
das am Horizont verschwindet – es ist auf dem richtigen
Weg!

ENDE

Jutta Speidel / Bruno Maccallini
Wir haben gar kein Auto ...
Mit dem Rad über die Alpen
Mit vierfarbigem Bildteil. Originalausgabe

ISBN 978-3-548-37318-8
www.ullstein-buchverlage.de

Freiwillig mit dem Fahrrad von München nach Merano! In zehn Tagen und quer über die Alpen! Jutta Speidel und Bruno Maccallini scheuen keine Strapazen. Anfangs läuft alles gut, sie genießen die herrliche Landschaft, die freundlichen Menschen, das gute Essen der Regionen. Doch die Katastrophen lassen nicht lange auf sich warten: Die italienische Telefonitis nimmt ungeahnte Ausmaße an, und Jutta bekommt Hexenschuss. Dauerregen, Radpannen, kein freies Nachtquartier – Bruno hat keinen Bock mehr, die Berge hinaufzuradeln. Aber da prallt italienisches dolce far niente auf deutsche Disziplin und Gründlichkeit. Herrlich komisch erzählen Jutta Speidel und Bruno Maccallini von den absurden, anstrengenden, aber auch schönen Erlebnissen ihrer gemeinsamen deutsch-italienischen »Tour de Force«.

Auf den Esel gekommen – das neue Reiseabenteuer vom Bestseller-Duo Speidel & Maccallini!

Jutta Speidel / Bruno Maccallini

ZWEI ESEL AUF SARDINIEN

ISBN 978-3-548-37409-3
www.ullstein-buchverlage.de

Vom Drahtesel zum Esel – nachdem Jutta Speidel und Bruno Maccallini in ihrem Bestseller *Wir haben gar kein Auto ...* per Rad die Alpen überquert haben, satteln die beiden jetzt um: Auf zwei Eseln wollen sie zur Hochzeit eines Cousins in der sardischen Provinz. Ihre erste Erkenntnis: Wer mit störrischen Grautieren unterwegs ist, steht manchmal eine halbe Stunde in der Gegend herum ...

Ein neues wunderbar komisches Abenteuer vom deutsch-italienischen Dreamteam!

ullstein

US359

JETZT NEU

 Aktuelle Titel | Login/ Registrieren | Über Bücher diskutieren

Jede Woche vorab in einen brandaktuellen Top-Titel reinlesen, ...

... Leseeindruck verfassen, Kritiker werden und eins von **100** Vorab-Exemplaren gratis erhalten.

 vorablesen.de